Global Duty-Free Service
글로벌 면세 서비스

Preface

한국을 방문하는 외국인 관광객들에게 있어 쇼핑활동은 관광활동 중에서 가장 큰 비중을 차지하고 있으며, 전 세계 면세산업의 1위를 차지하고 있는 우리나라의 면세산업은 그동안 지속적인 성장세를 기록하여, 2018년 전년 대비 31% 성장한 19조 원, 2019년 상반기(1월~6월) 전년 동기 대비 약 19% 증가한 11조 6,568억 원을 기록하며 최고치를 경신하고 있습니다.

타 산업에 비해 국내외적인 환경에 많은 영향을 받는 관광산업은 현재 여러 면에서 어려움을 겪고 있지만, 그럼에도 불구하고 한국 면세산업의 역량을 정비하고 면세산업의 전문인력을 양성하여 준비하는 것이 어느 때보다 필요한 시점입니다.

그동안 ㈔여행서비스교육협회는 글로벌면세서비스사(GDFS) 자격검정을 주관하여 실시하고자 준비해왔습니다. 글로벌면세서비스사(GDFS) 자격검정은 글로벌 면세산업에 대한 이해를 바탕으로 면세상품의 관리 및 판매 프로세스 전반에 대한 전문지식을 겸비하여 글로벌 면세산업 현장에서 최상의 면세서비스를 제공할 수 있는 수행 능력을 갖추도록 하는 데 그 의의가 있습니다.

이에 본 저서는 면세분야 현장을 생생하게 보여주고, 외래관광객을 효율적으로 응대하고 서비스할 수 있도록 준비하기 위하여, '면세산업의 이해, 면세상품의 관리, 글로벌고객응대, 면세판매 프로세스'의 내용과 면세판매 현장에서 그대로 활용할 수 있는 '영어, 일본어, 중국어 롤플레이'표현까지도 수록하여 글로벌면세서비스사(GDFS)의 자격을 갖추는 실질적인 도움을 주고자 제작하였습니다.

본 저서가 면세분야에서 활약하는 분들에게 큰 의지가 될 수 있기를 바라며, 저자 일동은 지속적인 개정작업을 통해 미흡한 부분은 향후 수정, 보완해 나갈 것을 약속드립니다. 글로벌면세서비스 분야의 전문가로서 당당히 자리매김하는 여러분의 모습을 응원합니다.

이 책이 나오기까지 많은 관심과 노력을 해주신 (사)한국여행서비스교육협회 관계자 여러분께 깊은 감사를 드리며 또한 본 저서의 출판과 편집을 맡아주신 한올출판사 임순재 사장님과 편집부 담당자분들께도 깊은 감사를 드립니다.

2020. 07 저자 일동

Contents

Chapter
03
글로벌
고객응대

Contents

Chapter

04

면세판매
프로세스

Contents

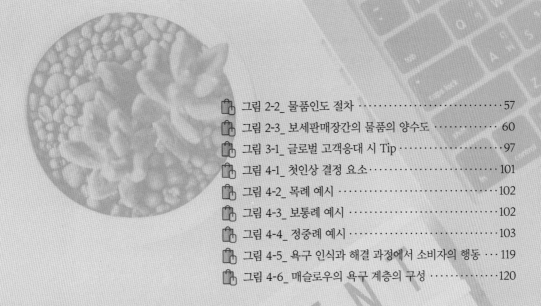

Chapter

01

면세산업의 이해

01 면세점의 역사

   최초의 면세점은 1947년 아일랜드 섀넌 공항(Shannon Airport)에 만들어진 면세점이다. 이 면세점은 지금까지도 존재하고 있다.

   당시 섀넌공항에는 북미에서 유럽으로 오는 항공기들이 항속거리 관계로 급유를 위해 중도 착륙을 했고, 이렇게 스탑오버를 하는 승객이 50만 명에 달했습니다. 이를 본 브랜든 오리건(Brendan O'Regan)이라는 사람이 출국 수속을 마친 승객들이 환승을 위해 아일랜드에 입국하지 않은 채 공항 내에서 무료하게 시간을 보내고 있다고 생각했다. 그리고 "이미 다른 나라를 떠나 출국을 완료했고, 다른 나라에 입국도 하지 않은 저 상태에서 물건을 사게 된다면 어디에 세금을 내야하지?"라는 의구심을 가지게 되었고, 만약 뭔가 사게 된다면, 이미 떠나 버린 나라나 아직 입국도 하지 않은 나라 모두 세금을 내는 것은 부당하다는 결론에 이르게 되었다.

*사진출처 : 섀넌공항 웹사이트

표 1-1_ **면세산업의 발전 과정**

구분	주요 내용	구매한도
태동기 1960-70년대	• 일본 여행객 대상 외화획득 목적으로 시내면세점 도입 • 1962년 국제관광공사 설립 • 1967년 김포공항 출국장면세점 개설 • 1979년 12월 시내면세점(롯데, 동화) 개점	$500 (1972년)
확대기 1980년대	• 88 올림픽 등 국제스포츠 행사 개최로 인한 외국인 관광객의 쇼핑 활성화 추진을 위해 시내면세점 확대 • 1988년 해외여행 자유화에 따른 내국인 출국자 증가 • 1986년~1989년 시내면세점 증가	$1,000 (1985년)
변화기 1990년대	• 경제위기와 일본인 관광객 감소로 인한 면세점의 폐업 90년대 말 외환위기로 관광시장 위축 • 1995년~1999년, 동화/제주/경주/부산 면세점 폐업	$2,000 (1995년) $400 (1997년)
성장기 2000년대	• 2002년 월드컵 특수와 함께 안정적으로 질적인 성장 도모 • 내국인에 의한 면세점 매출 비중이 높아짐에 따라 비판적 문제가 제기됨 • 2003년 파라다이스 경주, 한진, 제주, 서울 폐업 • 2004년 한국면세점협회 설립/인터넷 판매제도 도입 • 2007년 통합물류창고 도입(인천공항자유무역지역) • 2008년 신규특허요건 강화(보세판매장 운영에 관한 고시 개정)	$2,000 (2001년)
격변기 2010년 이후	• 중국관광객 급증으로 면세점 매출 급신장 • 대기업 시장독점 문제 지적으로 정치권의 집중 견제 • 면세업 외부환경에 따라 위험성 있는 사업으로 부각 • 2010년 기준, 4조 5천억원 이상의 매출 달성으로 영국을 제치고 세계 1위 도약 • 2012년 중소중견 면세점 신규특허 (지방 6개) • 2013년 특허갱신제도 폐지 • 2015년 7월 서울(HDC신라, 한화, SM) 제주(JTO) 신규특허 • 2015년 11월 면세점 특허 만료에 따른 신규특허(특허상실 - 롯데월드, 워커힐 특허취득 - 롯데명동, 신세계명동/부산, 두타) • 2016년 12월 서울(롯데월드, 신세계, 현대코엑스, 탑시티신촌), 부산1, 강원 평창1 신규특허 • 2017년 2월 특허수수료 인상(매출액의 0.05% → 0.1%~1.0%)	$600 (2014년)

*출처 : 고객여정지도를 활용한 면세상품의 고객인도 프로세스 분석, 중앙대학교 산업창업경영대학원 석사 학위논문, 양재용(2018) 의 자료를 토대로 재구성

결국 오리건은 이 면세점 사업이 엄청난 경제이익을 줄 것이라는 생각에 아일랜드 정부를 설득하였고, 결국 기내에서는 물론 공항 출발 승객과 환승객이 공항에서 물품을 구입할 때에도 일반 관세를 면제받았다.

이후 1960년 미국의 찰스 피니(Charles Feeney)와 로버트 밀러(Robert Miller)가 DFS를 창업하게 되고 이 DFS는 현재 세계 면세점 시장에서 1위를 달리고 있는 DFS갤러리아의 모체가 된다.

우리나라의 국내 면세점은 1967년 김포공항 내부에 최초로 출국장면세점이 설치 운영되었고, 공항 외에도 부산 국제여객부두 등 국제여객터미널이 있는 항만에서 운영되고 있다.

시내면세점은 정부에서 외국인 관광객들을 위해 쇼핑편의 목적으로 도입되었고, 1979년 12월 롯데면세점과 동화면세점이 개점되었다.

면세점은 외국인관광객, 환율, 국제경기, 국내경기 등 여러 요인들에 영향을 많이 받는 산업이다.

1988년 해외여행자유화에 따라 출국자수가 증가하여 시내면세점수는 폭발적으로 증가하여 서울뿐만 아니라 경주, 부산, 제주 등에 여러 면세점이 개점하였다. 그러나 경제위기와 일본인 관광객 감소로 시내면세점 시장은 위축되었고, 1995년 제주 동화면세점, 1998년 경주 동화면세점, 1999년 부산 동화면세점이 각각 차례로 폐업하였다.

외환위기에 따라 내국인의 구매한도액을 2,000달러에서 400달러로 줄인 것도 면세점 사업에 큰 영향을 미쳤다.

2000년대에는 내국인 출국객의 폭발적인 증가로 인하여 다시 호황을 맞게 되었다. 2010년 이후 중국인 관광객의 폭발로 정치권 및 국민들의 관심이 증가하였고 중소중견 면세점의 개점, 특허제도 변경 등으로 발전과 시련을 반복해왔다.

02 면세점의 개념

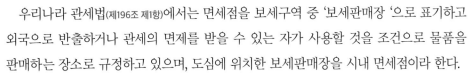

① 면세점과 시내 면세점의 개념

　우리나라 관세법(제196조 제1항)에서는 면세점을 보세구역 중 '보세판매장 '으로 표기하고 외국으로 반출하거나 관세의 면제를 받을 수 있는 자가 사용할 것을 조건으로 물품을 판매하는 장소로 규정하고 있으며, 도심에 위치한 보세판매장을 시내 면세점이라 한다.

　면세점은 국가별로 규모와 형태, 주체, 범위, 방법 등이 상이하게 운영되고 있으나 근본적으로 관세와 부가세 등 각종 세금을 면세하여 판매함으로써 출국자의 편익을 도모하고 외화를 획득한다는 점에서는 취지가 같다.

　2018년 12월 총 57개소가 운영 중이다.

　보세구역은 설치장소와 목적에 따라 시내 면세점, 출국장 면세점, 입국장 면세점, 외교관 면세점, 지정 면세점으로 구분하고 있다.

📑 표 1-2_ 면세점의 종류

구분		내용	위치	이용자
보세 판매장	시내 면세점	• 시내에 설치되어 출국하는 내·외국인에게 물품을 판매하는 면세점이며, 출국 전 면세점에서 직접 물건을 보며 여유롭게 쇼핑할 수 있는 것이 장점이다.	전국 시내	출국 내·외국인
	출국장 면세점	• 공·항만 출국장에 설치되어 출국하는 내·외국인에게 물품을 판매하는 면세점이며, 공항에서 항공기를 기다리며 쇼핑할 수 있고 물품을 바로 수령할 수 있는 이점이 있다.	공항, 항만	출국인, 환승 내·외국인
	입국장 면세점	• 공항 입국장에 설치되어 우리나라 입국 시에도 이용할 수 있는 면세점으로, 주류·화장품·향수 등의 제한적 품목을 취급(담배 제외)하고 있으며 여행객의 물품 휴대 편의성을 제공한다.	공항	입국 내·외국인
	외교관 면세점	• 우리나라에 주재하는 대사관, 영사관, 공사관 직원 및 가족 등에게 외국물품을 판매하는 면세점	서울 시내	외교관 등 면세권자
	제주 지정 면세점	• '제주특별자치도 여행객에 대한 면세점 특례규정'에 따라 출국이 아닌 국내 다른 지역으로 출도 시 이용 가능한 면세점	공항, 항만, 시내	출도하는 내·외국인

*출처: 한국면세점협회

② 면세점의 역할

① **외화획득** : 상품 판매를 통한 외화획득 역할
② **관광수지 개선** : 출국 내국인의 해외 소비를 국내로 유도하여 관광수지를 개선하고 소비의 투명성을 제고

③ 관광산업에 기여 : 쇼핑을 위한 방한 외래객 증대로 관광산업에 경제적 기여

④ 고용창출과 고용증대 : 기업의 면세사업 운영으로 기업의 투자를 촉진하고 고용창출과 고용증대 역할

⑤ 국산 브랜드 홍보 : 수출을 통하여 국내 브랜드와 국산품을 해외에 알리고 기업들의 성장을 돕는 역할

⑥ 공항 운영에 재정적 기여 : 국내 면세점이 공항에 운영 수수료를 제공함으로써 공항 운영 재정에 기여

⑦ 지역발전 : 서울 및 수도권뿐만 아니라 공항, 항만, 주요 지방도시 등에서 면세사업을 운영하면서 균형 있는 지역 개발에 도움을 주며 주변지역 상권 활성화에 역할

⑧ 국가이미지 제고 : 많은 외래 방문객들에게 수준 높은 서비스를 제공하면서 국가이미지 제고에 기여

③ 면세점과 면세산업의 특징

① 면세점은 정부(관세청)의 특허를 통하여 운영되는 특허성 사업이다.

② 면세점은 수출사업이다. 면세점에서 판매된 물품은 반드시 국외로 반출되어야 하는 것으로 엄격히 관리된다.

③ 면세점은 상품의 반입과 반출 및 관리에 있어 세관의 엄격한 통제와 규제를 받으며 정부로부터 정책적으로 관리되고 있다.

④ 면세점은 관광관련 사업인 여행사나 호텔과 긴밀한 협조 및 협력관계를 요구하는 산업이다.

⑤ 매출이나 매장 면적이 일정 규모 이상으로 충족되지 못할 경우 판매하는 제품에 대한 재고 및 판매 관리비 부담이 커지기 때문에, 면세점은 규모의 경제가 중요한 산업중 하나이다.

⑥ 면세점은 글로벌 유명 명품 브랜드와의 관계와 입점 상황이 매우 중요한 전문성
  이 요구되는 사업이다. 이와 같은 면세점의 특수성에 따라 빅 브랜드나 명품브랜
  드의 구색이 얼마나 갖추어 졌느냐가 면세점 사업의 성공을 좌우할 정도로 매우
  중요하다.

⑦ 면세점은 국제정치 및 관광경기에 매우 민감하다는 리스크가 있다.

⑧ 면세점에 입점된 글로벌 브랜드들은 표준화된 글로벌 매뉴얼을 통하여 상품관리
  를 한다. 따라서 이러한 관리 능력을 갖추어 글로벌 브랜드들의 운영 정책을 충족
  시켜야 한다.

⑨ 면세점은 내국인뿐만 아니라 다양한 국적의 고객을 대상으로 한다. 따라서 다국적
  언어와 주 소비자의 언어적 응대에 대한 국제 경쟁력을 갖추는 것이 매우 중요하다.

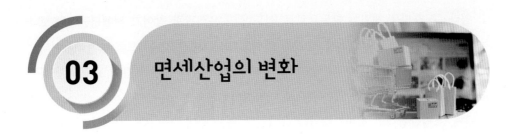

03 면세산업의 변화

1 면세쇼핑 관광객의 변화

1) 면세쇼핑 관광객 추이

첫째, 지난 5년간 쇼핑관광을 목적으로 방한한 관광객은 전체의 약 11% 가량으로 꾸준한 분포를 나타내고 있는 것으로 나타났다.

둘째, 쇼핑관광객의 일반적인 특성으로는 ① 거주국은 2012-2013년은 일본이 전체의 20%이상으로 가장 높았으나, 2016년에는 중국이 18.4%, 일본은 10.4%로 중국관광객의 비중만큼 쇼핑목적 관광객이 증가 하였다. ② 성별은 여성비율이 2.5배정도 높게 나타나고 있으나 최근에는 남성도 쇼핑목적으로 입국하는 비율이 증가하고 있는 것으로 나타났다. ③ 연령은 대부분 20-40대 청장년층이 전체의 30%이상을 차지하고 있었으며, 지난 5년간 연령층은 점점 낮아지고 있는 것으로 나타났다. ④ 여행 행태는 Air-tel Tour(항공과 숙박만 패키지) 비중이 가장 높으나 2012년 35.2%에서 2016년 21.2% 줄어들고 있으며, 개별여행이 증가하고 있다. ⑤ 방한회수도 4회 이상이 쇼핑목적으로 입국한 비율이 지난 5년간 7% 증가한 17.9%로 나타났다.

셋째, 여행실태를 살펴보면 ① 주요 방문지는 명동이 83%로 높게 나타나고 있으나 2014년 90%와 비교하면 비율은 줄어들고 있으며, 홍대 및 신촌 33.8%, 강남역 21.2%, 가로수길 19.9%로 방문지역이 서울의 중구에서 강남과 강북, 강서 등 외곽으로 확대되고 있다. ② 쇼핑을 제외한 활동으로는 '식도락'인 음식관광 참여가 전체평균 51%보다 높은 73.4%로 나타났으며 '유흥 및 오락'참여도 지난 5년간 지속적으로 증가추세이다.

쇼핑관광객들이 쇼핑활동과 식도락을 함께 즐기고 있어 홍대와 같이 쇼핑과 음식문화가 복합된 것을 선호하고 있는 것으로 나타났다.

넷째, 쇼핑관광객의 소비지출이다. ① 1인당 평균 소비지출이다. 2016년 1인당 평균 2,231.2$로 전체평균 1,625.3$보다 695.9$ 높다. 한편, 이는 지난 2012년 쇼핑목적 관광객의 1,951.2$와 비교하여 높은 수치이나 2015년 2,517.9$보다 196.7$ 줄어든 수치이다. 한편, 쇼핑목적으로 방문한 개별여행객은 2015년 평균 2,226.7$를 쇼핑경비로 지출하였으나 2016년에는 1,994.2$로 -11.7%인 232.5$나 감소하였다. 이는 지출금액으로 분석한 결과 최대금액 초과자(1,000$ 이상)가 지난 2015년 7.4%였으나 2016년에는 2.9%로 4.5%감소한 것으로 2015년도와 비교하면 럭셔리 고가 관광객의 입국 또는 소비지출이 감소한 것으로 분석되었다. ② 쇼핑 품목의 경우 지난 5년간 '화장품, 향수'의 선호도가 가장 높은데, 이는 쇼핑목적 관광객의 일반적인 특성인 젊은 여성관광객의 특성과 맞으며, 그 외 의류, 식료품 등으로 일반적인 선호도와 유사하게 나타났다.

마지막으로 쇼핑관광객의 만족도는 일반관광객과 비교하여 대부분 유사하거나 비교적 높은 편이나, 대중교통 이용에 있어서는 쇼핑목적 관광객의 만족도가 전체보다 낮게 나타났다. 이는 개별관광객이 대부분으로 대중교통이용이 많기 때문에 이동과 관련한 인프라에 대한 요구가 지속적으로 제기되는 것으로 분석되었다.

리 면세쇼핑 관광객 특성

❶ 쇼핑관광객 지속적 증가

2016년 「외래관광객 실태조사」에 따르면, 방한 외국인의 12.7%가 쇼핑을 목적으로 방문하고 있다고 응답하였고, 이는 2012년 이후부터 지속적으로 증가 추세이며 2015년 대비 2.7% 증가하였다.

📋 표 1-3_ **연도별 주요 방한 목적**   (단위 : %)

구분	2016	2015	2014	2013	2012
여가/위락/휴가	59.8	56.6	58.1	48.2	43.9
사업/전문활동	15.0	18.7	19.9	23.4	24.5
쇼핑	12.7	10.0	10.0	10.6	11.8
친구/친지방문	7.4	9.1	6.5	9.7	11.1
교육	4.0	3.6	3.6	5.9	6.5
뷰티/건강/치료	0.6	1.1	1.0	1.0	1.1
종교/순례	0.4	0.7	0.9	1.0	1.1
기타	0.1	0.1	0.1	0.1	0.1

*자료 : 2012-2016년 외래관광객 실태조사 보고서

② 방한 쇼핑관광객의 특성 및 주요 변화

지난 2012년부터 2016년까지의 외래객관광실태조사결과 쇼핑관광을 목적으로 방한하는 관광객의 특성을 살펴보면, 아래 표와 같이 거주국은 중국, 홍콩, 일본, 싱가포르, 태국, 대만 등 아시아권이 지난 5년간 지속적으로 쇼핑관광을 목적으로 한국을 방문하고 있는 것으로 나타났다.

이는 국가별 인바운드 규모와 유사하게 나타나고 있는 것으로 볼 수 있으나, 태국과 홍콩의 경우 규모에 비해 쇼핑목적 관광객 비율이 높은 것으로 분석된다.

성별은 남자보다 여성비율이 월등히 높으나, 지난 2012년 남성 4.9%였으나, 2016년에는 6.7%로 조사되어 남성의 쇼핑관광에 대한 관심도 증가하고 있는 것으로 알 수 있다. 연령은 20~30대, 30~40대가 대부분이며 특히 최근 들어서는 20대의 비중이 2012년 14.3%에서 2016년 16.0%로 30대보다 높아 젊은 층의 쇼핑관광목적이 더욱 뚜렷해지고 있다. 직업은 자영업자의 비중이 2016년 18.2%로 가장 높게 나타나고 있으며 그 외 판매 및 서비스직과 주부, 사무직 등으로 젊고 여성비중이 많은 직업군의 특성과 유사하게 보여지고 있다.

표 1-4_ 연도별 쇼핑목적 방한객의 주요 특성

(단위 : %)

연도		2016	2015	2014	2013	2012
쇼핑목적 비율		12.7	10.0	10.0	10.6	11.8
월별	1월	16.1	9.5	10.4	10.8	11.1
	2월	13.7	5.4	15.3	13.0	16.7
	3월	14.5	13.7	13.7	13.7	15.4
	4월	13.1	11.3	9.2	10.4	10.3
	5월	17.0	10.2	13.2	9.8	8.9
	6월	9.7	5.0	9.1	10.2	12.1
	7월	10.3	7.0	7.9	9.3	7.4
	8월	8.6	9.3	6.7	9.3	14.7
	9월	12.1	9.2	9.6	10.8	16.4
	10월	14.3	12.2	9.6	10.8	10.9
	11월	12.0	11.0	8.9	12.2	10.2
	12월	12.7	11.8	8.7	8.3	7.1
거주국	일본	10.4	9.0	13.3	22.2	20.7
	중국	18.4	14.0	12.5	8.7	9.8
	홍콩	14.9	17.0	14.6	12.1	11.5
	싱가포르	5.5	5.5	4.5	4.9	3.9
	대만	10.9	9.0	9.3	8.0	6.0
	태국	11.6	11.3	16.9	14.5	25.4
	말레이시아	4.6	3.5	5.6	5.4	2.7
	호주	1.1	1.0	0.8	0.4	0.4
	미국	0.4	0.4	0.3	0.6	0.5
	캐나다	0.5	0.5	1.1	1.0	1.4
	영국	0.3	0.6	0.2	0.2	0.2
	프랑스	0.3	0.0	0.8	1.0	0.6
	러시아	5.7	3.4	3.8	2.2	1.4
	중동	5.8	1.9	0.7	3.0	3.2
성별	남자	6.7	5.1	4.8	4.8	4.9
	여자	16.9	14.0	14.1	15.8	18.1
연령	15-20세	9.2	8.0	8.3	6.7	12.6
	21-30세	16.0	12.4	12.0	10.6	14.3
	31-40세	13.8	11.3	11.3	12.0	12.3
	41-50세	7.1	6.2	7.5	10.	9.6
	51-60세	4.7	6.3	5.5	11.5	9.7
	61세이상	3.2	3.6	4.6	8.5	5.5
	모름/무응답	3.8	12.4	7.9	6.2	32.9

연도		2016	2015	2014	2013	2012
쇼핑목적 비율		12.7	10.0	10.0	10.6	11.8
직업	공무원, 군인	10.7	8.4	8.2	9.2	11.8
	기업인, 경영직	7.7	5.9	5.0	4.2	4.5
	사무, 기술직	13.0	10.9	10.5	12.6	14.9
	판매, 서비스직	15.1	11.0	15.4	15.9	21.8
	전문직	10.3	5.4	6.6	6.6	9.4
	생산/기능/노무직	8.2	4.7	4.7	7.9	6.4
	자영업자	18.2	17.6	14.1	15.9	8.6
	학생	9.4	7.9	8.1	7.2	8.6
	주부	16.2	13.5	16.5	20.2	15.6
	은퇴자	4.4	6.6	4.0	2.3	3.5
	무직	17.1	14.2	14.7	6.1	7.8
	기타	18.2	12.1	13.0	11.5	11.4
	무응답	0.0	5.4	23.9	7.3	15.2
여행형태	개별여행	11.4	8.9	9.0	8.8	8.8
	단체여행	13.6	11.0	9.4	10.3	9.8
	Air-tel Tour	21.2	19.2	23.0	32.1	35.2
방한횟수	1회	9.9	8.3	9.0	8.8	8.9
	2회	15.5	10.9	12.8	13.8	17.2
	3회	17.7	15.8	12.5	14.6	16.9
	4회이상	17.9	11.8	10.8	12.7	10.0

*자료 : 2012-2016년 외래관광객 실태조사 보고서

여행행태는 Air-tel을 선호하고 있어 쇼핑목적에 맞는 여행행태인 비행기와 숙박에는 지출을 최소화하는 특성이 반영되어 있으며, 최근에는 개별여행객의 비중이 증가하고 있어 쇼핑관광목적 관광객 또한 지난 2012년 개별여행이 8.8%였 으나 2016년에는 11.4%로 지속적으로 증가추세이며, Air-tel은 2012년 35.2%에서 2016년 21.2%로 줄어들고 있는 것으로 나타났다. 방한횟수는 처음방문한 관광객보다는 재방문객 중심으로 쇼핑을 목적으로 방문하는 관광객이 많았으며 특히 3-4회의 비중이 지속적으로 증가하고 있는 것으로 나타났다.

한편, 쇼핑목적 관광객이 입국하는 월은 년도 별로 차이를 보이고 있어서 항공사 등의 이벤트 영향을 받는 것으로 분석가능하며 2016년에는 5월이 17.0%로 가장 높게 나타났다.

❸ 아시아 면세점 뷰티 쇼핑객 68%가 여성이며 절반이 기초화장품 구매

‘무디 데이빗 리포트’(이하 무디 리포트, moodiedavittreport.com)에 따르면, 리서치업체인 ‘Pi 인사이트’가 뷰티쇼핑객 1000명을 포함한 5200명을 대상으로 한 설문조사 결과 뷰티제품 구매고객의 68%가 여성인 것으로 나타났다. 또, 고객의 49%는 스킨케어 제품을 구매한 것으로 조사됐다.

아시아 면세점 뷰티제품 구매고객의 1인당 평균 지출 금액은 124달러였으며, 고객 78%는 미리 구매를 계획했고 22%만이 ‘충동구매’를 했다고 답했다. 또, 구매를 계획한 78%의 고객 중 64%는 구매할 제품의 브랜드를 미리 알고 있었다고 할 정도로 충동구매는 상대적으로 많지 않았다.

상품 구매의 주요 요인으로는 ‘좋은 품질’(37%)과 ‘저렴한 가격’(32%)이 비슷하게 나타났으며, ‘유명브랜드’(24%)와 ‘단골브랜드’(23%)라는 응답도 큰 차이 없이 나왔다.

무디 리포트는 “리서치사는 채널 안에서 상대적으로 저렴한 럭셔리를 향한 추세가 증가하고 있다”면서 “브랜드 USP(Unique Selling Proposition)를 명확히 전달하고 이를 분명한 가치 명제로 지원하는 것이 중요하다는 점을 강조했다”고 밝혔다.

구매 용도도 눈길을 끈다. 자신을 위한 구매가 68%로 압도적으로 많았고 ‘선물’이나 ‘요청’에 의한 구매는 24%, ‘공용’ 용도는 8%에 불과했다.

무디 리포트는 설문조사보고서의 내용을 인용하며 “매장에 대한 고객의 즉각적인 기대치를 충족해야한다는 점이 강조됐다”면서 “가장 중요한 전략 중 일부는 글로벌 유명 브랜드를 부각하고, 여행 전 쇼핑객과의 의사소통 강화, ‘저렴한 럭셔리’ 트렌드 탐색, 제품 품질과 가치 명제 전달, 자기 자신을 위한 구매자와의 매장 내 커뮤니케이션의 효율화 등이 중요하다”고 설명했다.

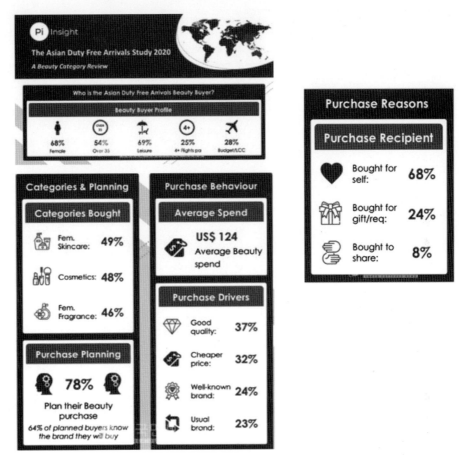

그림 1-1_ 무디 데이빗 리포트 뷰티쇼핑객 설문결과

* 출처 : 한국면세뉴스(http://www.kdfnews.com), 사진=무디 데이빗 리포트

❹ 면세점 주요 고객층에 대한 파악과 대응

한국을 방문하는 횟수나 여행 빈도에 따라 여행계획이나 여행목적이 다르고 여행 중 주요 활동내용과 여행에 대한 태도 그리고 주요 구매 상품이 다르게 나타난다. 따라서 한국을 처음 방문하는 관광객과 다수 한국을 방문한 관광객은 차이를 두고 면세품 마케팅이 이루어져야 한다.

📑 표 1-5_ 면세점 주요 고객층에 대한 파악과 대응

	최초 한국 방문 관광객	다수 한국 방문 관광객	진화된 한국 방문 관광객
여행계획의 특징	• 전형적인 단체 관광	• 자유로운 편안한 여행	• 자유롭고 독립된 여행
여행 목적지	• 다수의 목적지	• 다수 혹은 특정 목적지 선호	• 특정 목적지 선호
여행 중 주요 활동	• 유명관광지의 인증샷 그리고 쇼핑에 몰입	• 경치, 여유일 등 일부활동, 보조적인 쇼핑	• 여유 있는 스케줄, 더 깊은 경험, 더 높은 수준의 서비스
여행에 대한 태도	• 해외로 나갔다는 자부심에 흥분, 스케줄에 있는 것을 다 완성하려함.	• 식견을 높이고 남이 했던 경험을 자신도 하고자 함.	• 자신의 국가에서 체험할 수 없는 경험을 추구, 지속적으로 즐기기 위해 자수 방문
주요 구매 상품	• 글로벌 명품 브랜드	• 편의점, 대형마트 등 한국 주요 라이프스타일과 관련된 상품	• 문화상품, 체험 상품 등의 서비스 상품

*출처: 국회포럼, 경제 활성화를 위한 면세산업 경쟁력 제고방안(2019).
　　　면세산업의 수익구조 개선방안, 숭실대, 안승호

 2 면세산업의 현황

1) 면세점 매출 현황

한국의 면세산업은 지속적인 매출성장세를 기록하였다. 2018년에는 약 19조원으로 전년대비 약 31%의 성장세를 보였고, 2019년도 상반기(1월~6월) 매출액은 전년 동기 대비 약 19% 증가한 11조 6,568억 원으로 역대 최고치를 경신하였다.

2018년 면세점 이용 구매객수는 약 4800만여 명으로 사드사태로 인한 중국 정부의 저강도 제재가 시작되었던 2016년 수준으로 회복되었다.

표 1-6_ 전국 면세점 연도별 매출 현황　　　　　　　　　　　　　(단위 : 억원, %)

연도	2014	2015	증감율	2016	증감율	2017	증감율	2018	증감율
매출액	83.076	91.984	10.72	122.757	33.45	144,684	17.86	189.602	31.05

*출처 : 한국면세점협회

　　내국인과 외국인으로 구분해서 매출비중을 살펴보면 2009년 내국인 1.8%, 외국인 2.03%에서 2016년 내국인 3.5%, 외국인 8.8%로 성장하고 있다.

　　외국인 이용에 있어 국적을 보면, 전체 90%이상이 중국과 일본으로 특히 지난 2012년에는 중국인 47%, 일본인 37%였으나, 2016년에는 중국인 89%, 일본인 4%로 중국인의 보세판매장 이용이 높게 나타났다. 이는 외래관광객 입국에서 중국인과 일본인의 입국비율과 맥을 같이 하고 있다.

그림 1-2_ 내/외국인 면세점매출 추이

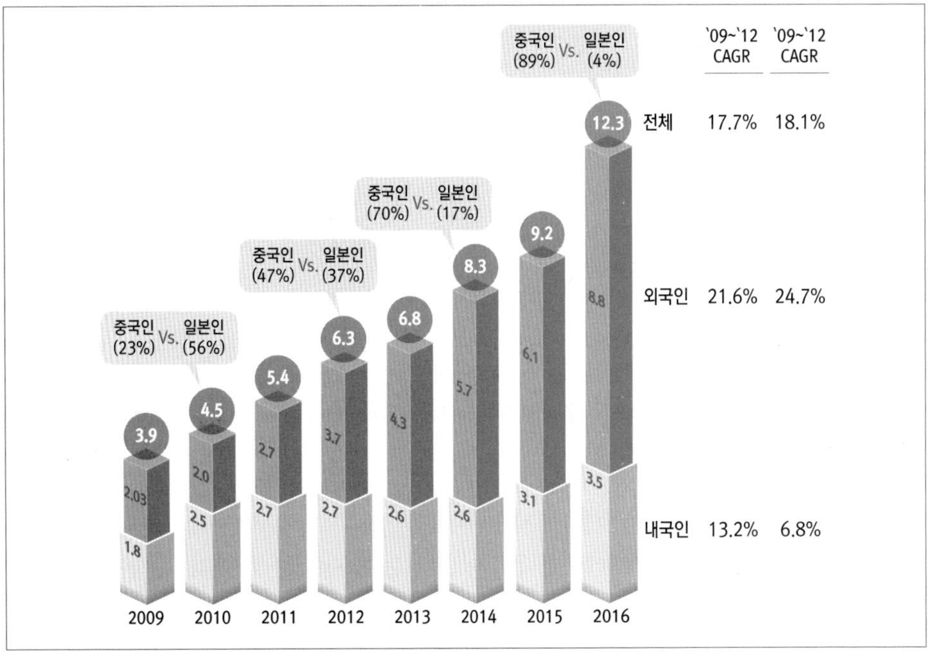

*자료 : 한국면세점협회, 롯데면세점 내부자료

그림 1-3_ 면세점 산업규모 추이 및 성장률

그림 1-3_ 면세점 산업규모 추이 및 성장률

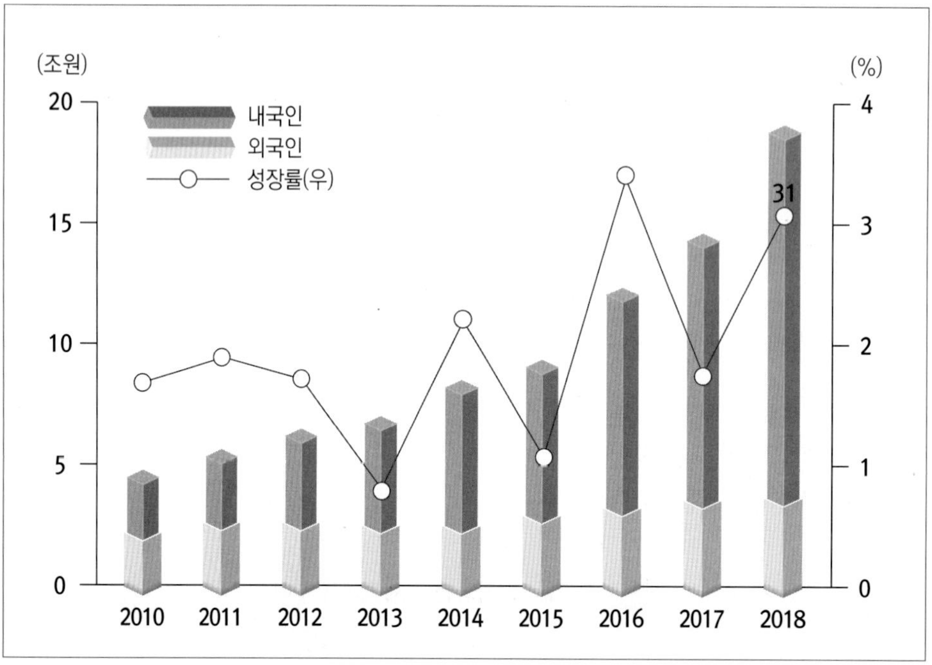

*출처 : 국회포럼, 경제 활성화를 위한 면세산업 경쟁력 제고방안(2019). 면세점산업에 대한 이해와 방향제시, 남성현(한화투자증권)

2) 국적별 선호 품목

1 중국인의 수입품 품목 증가

중국인의 면세점 매출 비중은 2015년에 57%, 2016년 63.6%, 2017년 65.2%로 상승하고 있다.

중국인 면세점 매출은 국산품이 아닌 수입품으로 돌아서고 있다.

k-뷰티 인기로 인해 한국 화장품에 관심이 많기는 하지만 중국 보따리상은 인접 국가의 면세점에서 중국 현지에 재판매로 인기 있을 상품으로 구매하기 때문에 k-뷰티상품 및 수입품까지 대량구매를 한다.

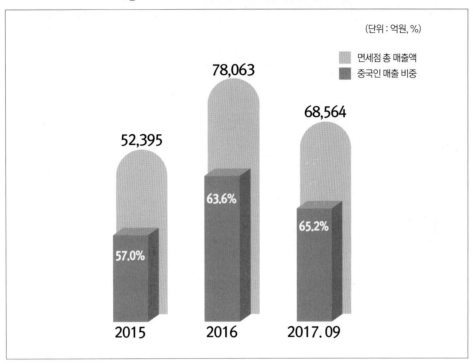

그림 1-4_ **국적별 면세점 매출 및 중국인 비중**

(단위 : 억원, %)

면세점 총 매출액
중국인 매출 비중

78,063

52,395

68,564

63.6%

57.0%

65.2%

2015   2016   2017. 09

*자료 : 한국면세뉴스, 관세청 자료 재구성

② 출국전 나라별 구매 식품 품목

2018년 신세계면세점의 자료에 의하면 국적별 관광객이 공항을 떠나기 전 마지막으로 사는 인기 식품은 중국인은 홍삼, 일본인은 돌김, 동남아인은 허니버터아몬드로 집계되었다.

중국인 최고 인기식품은 '홍삼정'으로 웰빙, 고급화 트렌드에 가격이 비싸더라도 구매하는 품목으로 자리를 잡고 있고, 일본인들은 와사비 맛, 불고기 맛 등 다양한 맛의 김 스낵세트와 돌김을 크기별로 구매하고 있다고 하였다.

동남아인들은 달콤하고 고소한 맛 식품을 선호하는데, 구매품 1위와 2위는 허니버터아몬드, 허니버터 견과류를 가장 많이 구매했고, 3위로는 홍삼 그리고 4위는 브라우니, 5위는 바나나우유가 차지했다.

3 국적별 판매 품목

신라아이파크면세점이 2018년 조사한 자료에 의하면 내국인과 일본인 고객이 전체 쇼핑 카테고리 중 패션명품에 지출한 비중이 각 45%, 50%로 가장 높았다.

내국인과 일본인 고객이 패션명품을 즐겨 찾는 이유로는 가격 및 쇼핑혜택을 따져 구매하는 '합리적 소비경향'이 반영된 결과로 해석되고 있다.

중국인 및 동남아 고객은 각각 51%, 45%의 비중으로 화장품에 대한 선호도가 높은 것으로 나타났다. 이러한 결과는 중국과 동남아시아지역의 k-뷰티의 영향이라고 해석된다.

특히, 화장품을 구매한 중국인 고객의 65%, 동남아 고객의 68%는 보습, 주름개선, 미백 등에 도움을 주는 '스킨케어'관련 제품을 구매한 것으로 분석되었다.

그림 1-5_ **국적별 쇼핑선호도 조사**

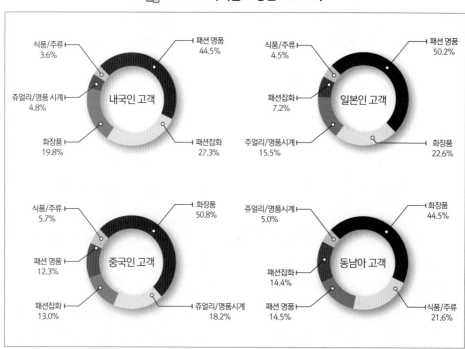

*자료 : HDC 신라면세점

3) 면세쇼핑 품목의 특징

1 선호하는 쇼핑 품목

우리나라를 방한하는 외국인의 쇼핑품목은 지난 5년간 변함없이 '향수, 화장품', '의류', '식료품', '김치'등이 주요 품목인 것으로 나타났다.

표 1-7_ **연도별 쇼핑목적 방한객의 쇼핑품목**   (단위: %)

구분		2016	2015	2014	2013	2012
향수, 화장품	쇼핑목적	72.0	81.7	78.9	66.0	72.0
	전체	46.2	61.4	59.6	50.1	46.2
의류	쇼핑목적	50.5	55.0	59.8	48.4	50.5
	전체	40.8	41.4	44.6	38.5	40.8
식료품	쇼핑목적	31.9	34.9	35.9	35.9	31.9
	전체	36.2	38.0	37.4	34.6	36.2
신발류	쇼핑목적	24.9	19.1	19.3	21.1	24.9
	전체	17.5	14.6	14.3	14.4	17.5
김치	쇼핑목적	14.8	6.5	8.8	15.5	14.8
	전체	13.4	7.8	8.6	12.8	13.4
인삼, 한약재	쇼핑목적	10.6	11.6	6.9	12.0	10.6
	전체	12.2	9.8	9.9	12.9	12.2
피혁제품	쇼핑목적	18.7	15.3	20.8	15.7	18.7
	전체	10.6	10.1	10.9	10.5	10.6
보석/ 악세서리	쇼핑목적	12.4	11.3	9.2	10.9	12.4
	전체	9.9	7.5	6.7	9.2	9.9
전통민예품	쇼핑목적	1.9	1.6	1.7	2.4	1.9
	전체	5.5	5.6	5.4	5.4	5.5

*자료 : 2012-20016년 외래관광객 실태조사 보고서

② 선호하는 쇼핑 장소

쇼핑목적으로 방한하는 관광객의 쇼핑장소는 지난 5년간 '명동'이 1위를 차지하였다. 시내면세점은 2012년 42.2%에서 2016년 55.3%로 성장하였고, 공항면세점 또한 2016년 20.7%로 이용률이 지속적으로 높게 나타났다.

표 1-8_ **연도별 쇼핑목적 방한객의 쇼핑장소**   (단위: %)

구분	2016	2015	2014	2013	2012
명동	61.4	62.3	66.2	68.6	64.5
시내면세점	55.3	56.1	51.8	39.5	42.2
동대문시장	41.8	35.0	36.0	42.4	36.2
한국내 공항면세점	20.7	26.1	21.3	24.5	19.6
백화점	23.1	23.1	24.7	24.8	27.9
할인전(이마트 등)	18.6	15.8	16.6	10.2	9.8
소규모상점	13.9	12.2	10.9	10.7	11.0
남대문	6.2	10.0	9.3	20.5	17.3

*자료 : 2012~20016년 외래관광객 실태조사 보고서

❸ 쇼핑관광객의 만족도

방한 쇼핑관광객의 만족도 항목에서는 '쇼핑', '언어소통', '여행경비', '관광안내서비스' 분야가 높게 나타났다.

표 1-9_ 연도별 쇼핑목적 방한객의 만족도 (단위: %)

구분		2016	2015	2014	2013	2012
한국여행의 전반적인 만족도	쇼핑목적	94.0	92.9	94.1	90.2	91.4
	전체	95.0	93.5	94.0	91.4	90.2
출입국절차	쇼핑목적	88.1	86.7	86.7	73.0	72.5
	전체	87.2	87.7	87.7	82.4	77.7
대중교통	쇼핑목적	85.7	87.4	85.4	70.8	71.7
	전체	87.3	87.5	87.0	82.3	78.9
숙박	쇼핑목적	90.2	90.0	86.3	78.5	80.5
	전체	89.8	90.1	88.6	83.1	81.6
음식	쇼핑목적	86.7	86.2	85.6	84.4	86.9
	전체	86.6	85.8	85.5	81.1	82.0
쇼핑	쇼핑목적	93.9	95.3	95.4	89.7	92.8
	전체	88.2	87.0	86.6	81.8	81.0
관광안내서비스	쇼핑목적	84.8	84.8	76.3	63.9	72.0
	전체	80.8	79.2	75.9	69.3	69.0
언어소통	쇼핑목적	74.0	72.0	61.0	54.8	64.7
	전체	68.1	65.8	62.4	55.4	57.7
여행경비	쇼핑목적	80.8	78.8	74.4	64.9	73.4
	전체	77.2	71.7	73.9	70.8	72.0
치안	쇼핑목적	92.3	91.6	87.6	74.9	79.0
	전체	92.5	90.9	90.0	87.2	86.2

*자료 : 2012~20016년 외래관광객 실태조사 보고서

면세상품의
관리

01 보세판매장의 이해

1 보세판매장의 정의 및 종류

1) 보세판매장의 정의

외국 물품을 외국으로 반출하거나 외교관용 물품 따위의 면세 규정에 의해 관세의 면제를 받을 수 있는 자가 사용하는 것을 조건으로 외국 물품을 판매할 수 있는 보세 구역이다(출처 : 네이버사전).

2) 보세판매장의 종류

① **외교관면세점** : 관세의 면제를 받을 수 있는 자에게 판매하는 보세판매장
② **출국장면세점** : 출국장에서 출국인 및 통과여객기(선)에 의한 임시 체류인에게 판매하는 보세판매장
③ **입국장면세점** : 외국에서 국내로 입국하는 자에게 물품을 판매할 목적으로 공항, 항만 등의 입국경로에 설치된 보세판매장
④ **시내면세점** : 공항 및 항만의 보세구역 이외의 장소에서 출국인 및 통과여객기(선)에 의한 임시체류인에게 판매하는 보세판매장

② 보세판매장의 용어해설

1) 판매장

판매물품을 실제로 판매하는 장소인 매장과 계단·에스컬레이터·화장실·사무실 등 물품판매와 직접 관련이 없는 공용시설

2) 인도장

시내면세점 및 전자상거래에 의하여 판매한 물품을 구매자에게 인도하기 위한 곳
① 출국장 보세구역 내 설치한 장소
② 외국무역선 및 외국여객선박의 선내
③ 통관우체국내 세관통관장소
④ 항공화물탁송 보세구역
⑤ 세관장이 지정한 보세구역(자유무역지역을 포함한다.)

3) 출국장

공항·항만 보세구역 내에서 출국인 또는 통과여객기(선)에 의한 임시체류인이 항공기 또는 선박을 탑승하기 위하여 대기하는 장소

4) 입국장

공항·항만 보세구역 내에서 입국인이 국내로 입국하기 위하여 대기하는 장소

5] 운영인

세관장으로부터 보세판매장 설치·운영 특허를 받은 자

6] 출국인

출입국관리법에 따라 출국하는 내국인 및 외국인

7] 입국인

출입국관리법에 따라 입국하는 내국인 및 외국인

8] 외국인

① 출입국관리법에 따라 대한민국의 국적을 가지지 아니한 자
② 재외동포로서 거주지 국가의 영주권(영주권 제도가 없는 국가에서는 영주권에 갈음하는 장기체류 사증)
　　이나 이민사증을 취득한 자 또는 영주할 목적으로 외국에 거주하고 있는 자로서
　　거주여권(PR)을 소지한 자

③ 해외이주자로서 해외이주신고확인서 및 영주할 목적인 재외국민으로서 재외국민
등록부 등본을 소지한 자 또는 재외국민 주민등록증을 소지한 자

9) 시설관리권자

공항·항만의 출·입국장 시설을 관리하는 자

10) 보세판매장 협의단체

운영인의 공정한 상거래질서와 기업윤리를 자율적으로 확립하고 보세판매장제도의
발전을 위하여 설립된 비영리법인

11) 통합물류창고

보세판매장 협의단체장이 회원사의 원활한 보세화물관리와 물류지원을 위하여 보세
판매장의 보관창고와 동일한 기능을 수행하기 위해 설치한 곳

02 면세상품의 관리

1 운영인의 의무

① 시내면세점 운영인은 해당 보세판매장에 중소·중견기업 제품 매장을 설치해야 한다.

② 보세판매장에서 판매하는 물품과 동일 또는 유사한 물품을 수입하여 내수판매를 하지 않아야 한다.

③ 판매물품을 진열·판매하는 때에는 상표단위별 진열장소의 면적은 매장면적의 10분의 1을 초과할 수 없다.

※ 세관장이 보세판매장의 특성 등을 고려하여 따로 인정하는 때는 제외한다.

④ 운영인이 외화로 표시된 물품이외의 통화로 판매할 때에는 다음 사항을 준수해야 한다.

- 해당 물품 판매 전날의 외국환거래법에 의한 기준환율 또는 재정환율 적용
- 당일 적용하는 환율을 소수점 이하 3자리에서 버린 후, 소수점 이하 2자리까지 표시
- 당일 적용환율을 정문입구 또는 구매자가 잘 볼 수 있는 곳에 게시

※ 전자상거래에 의한 판매는 인터넷 홈페이지 게시

⑤ 운영인은 다음 사항을 팜플렛, 인터넷홈페이지와 게시판 등을 통하여 홍보해야
한다.

- 출국내국인의 구매한도액, 입국장 면세점의 구매한도액 및 면세한도액의 혼동
  방지
- 면세점에서 구입한 면세물품의 원칙적인 국내반입 제한
  ※입국장면세점 제외
- 면세물품의 교환·환불절차 및 유의사항
- 현장인도 받은 내국물품의 외국반출 의무
- 그 밖에 해외통관정보 등 세관장이 홍보 필요가 있다고 인정하는 사항

⑥ 게시판은 해당 면세점의 정문, 안내데스크, 계산대, 인기품목 매장 등 구매자들의
눈에 잘 띄는 장소에 매장면적 기준에 따라 설치해야 한다.

- 2,000㎡ 초과 : 5개 이상
- 1,000㎡ 초과, 2,000㎡ 이하 : 4개 이상
- 100㎡ 초과, 1,000㎡ 이하 : 3개 이상
- 100㎡ 이하 : 1개

⑦ 운영인은 상거래상의 법적, 도의적 책임을 다해야 하며 판매가격 표시제를 엄수해
야 한다.

　※ 우대고객, 재고상품 등에 대한 할인판매를 하는 경우, 동등한 고객들에게 공평하게 적용되도록 지
　침을 작성하여 시행하거나, 할인품목과 할인율을 매장에 게시하고 시행해야 한다.

⑧ 운영인은 해당 월의 보세판매장의 업무사항을 다음 달 7일까지 보세판매장 반출
입물품 관리를 위한 전산시스템(재고관리시스템)을 통하여 세관장에게 보고해야 한다.

⑨ 운영인은 보세판매장에 근무하는 소속직원과 타 법인 등에 소속되어 판매물품의
판촉·물류·사무 등을 위하여 근무하는 직원(판촉사원)의 월별 현황을 다음 달 7일까
지 세관장에게 보고해야 한다. 이 경우 판촉사원 등은 운영인의 사용인으로 본다.

⑩ 운영인은 보세판매장에 근무하는 소속직원과 판촉사원 등이 협의단체에서 주관하는 교육을 연 1회 이상 이수하도록 해야 한다.

※ 사전에 협의단체장이 교육계획을 관세청장에게 보고한 경우에는 그 계획 범위 내 이수

⑪ 운영인은 수용능력증감 등의 공사를 하려는 때에는 신청서를 세관장에게 제출하고 승인을 받아야 한다.

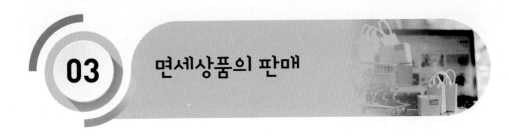

03 면세상품의 판매

① 판매대상 물품

출국장면세점은 국산 가전제품 중 여행자의 휴대반출이 곤란하거나 세관장이 필요하다고 인정하는 품목에 대하여는 쿠폰으로 판매할 수 있으며, 쿠폰으로 판매한 상품은 관할세관장이 지정하는 보세구역에 반입하여 수출신고 수리 후 선적한다.

① 운영인이 보세판매장에서 판매할 수 있는 물품은 외국 반출을 조건으로 보세판매장에서 판매할 수 있는 물품은 다음 물품을 제외한 물품으로 한다.
- 수출입 금지 물품
- 마약류, 총포·도검·화약류 등에 따른 규제대상 물품

② 출국장면세점은 국산 가전제품 중 여행자의 휴대반출이 곤란하거나 세관장이 필요하다고 인정하는 품목에 대하여는 쿠폰으로 판매할 수 있으며, 쿠폰으로 판매한 상품은 관할세관장이 지정하는 보세구역에 반입하여 수출신고 수리 후 선적해야 한다.

② 구매자 및 구매총액

① 외교관면세점에서는 관세의 면제를 받을 수 있는 주한외교관 및 외국공관원에 한하여 물품을 판매한다.

② 출국장면세점과 시내면세점에서는 출국인 및 외국으로 출국하는 통과여객기(선)에 의한 임시 체류인에 한하여 물품을 판매한다.

③ 입국장면세점에서는 입국인에게 물품을 판매한다.

④ 출국하는 내국인의 구매 한도는 미화 3,000달러 이하 내에서 물품을 판매한다.

⑤ 입국인에게 미화 600달러 이하의 구매한도 범위 내에서 물품을 판매해야 한다.

※술·향수는 별도 면세범위 내에서만 판매 가능

⑥ 구매자의 출입국 여부 및 구매총액을 확인해야 한다.

⑦ 시내면세점 운영인은 구매자가 신용카드로 결제하는 경우 본인 명의인지를 확인해야 한다.

📑 표 2-1_ **구매자 및 구매총액**

국적	외국물품	내국물품
외국인	구매제한 없음	구매제한 없음
내국인	미화 3,000달러 이하	구매제한 없음

📑 표 2-2_ **면세물품 범위**

기본 면세 범위	별도면세 범위		
	주류	담배	향수
해외(국내외면세점 포함) 취득합계액 US$ 600이내	1병(1리터 이하 & US$400이내)	200개비(1보루)	60ml

③ 판매용 물품의 반입신고 및 반입검사 신청

보세판매장 판매용물품을 보관창고(통합물류창고 또는 지정장치장 포함)에 반입한 후 매장으로 반출한다.

ı) 반입신고

보세운송된 물품을 보관창고에 반입하는 때에는 전자문서 방식 또는 보세판매장 물품반입신고서 서식에 따라 반입신고를 하며, 보세운송 도착보고는 반입신고로 갈음한다.

리 반입검사 신청

① 보관창고에 반입된 물품을 7근무일 이내에 관할세관장에게 반입검사를 신청한다.

   ※ 부득이한 사유로 같은 기간 내에 반입검사신청을 할 수 없는 때에는 반입검사 신청기간 연장신청을 한다.

② 반입검사신청은 운영인 또는 운영인의 위임을 받은 자가 첨부서류 없이 전자문서를 수입통관시스템에 전송한다.

   ※ 세관장이 서류제출대상으로 선별한 물품은 반입검사신청서에 서류를 첨부하여 관할세관장에게 제출한다.

   • 반입신고서 사본(물품반입 시 전자문서로 반입신고한 때에는 생략함)
   • 매매계약서 또는 물품매도확약서
   • 선하증권 사본
   • 송품장

③ 다음 물품은 재고관리시스템을 통한 물품 반입검사 신청해야 한다.

- 내국물품
- 양수물품
- 미인도물품
- 반품 및 교환물품

④ 세관장은 서류제출대상 물품 중 검사대상으로 선별된 물품은 세관공무원이 다음 사항을 검사·확인해야 한다.
- 품명, 규격, 수량
- 적용 세번 및 신고가격
- 반입검사신청서 및 첨부서류와 현품과의 상이여부, 파손 등 하자발생 여부 및 사유
- 그 밖에 현품관리에 필요한 사항

⑤ 세관장이 검사·확인한 때는 다음 중 하나의 방법으로 확인사항을 통보한다.
- 반입검사신청서에 반입검사신청확인 고무인을 날인하여 신청인에게 교부
- 관세사가 반입검사신청서 확인을 증명하는 경우, 세관기재란에 반입검사P/L신청확인필증 고무인과 관세사인장을 날인한 후 교부
- 반입검사신청의 경우 전자문서로 확인사항 통보

⑥ 세관장은 업체의 성실도, 물품의 우범도 등을 고려하여 세관별 수입C/S 검사비율 범위 내에서 자체 검사비율을 지정하여 운영할 수 있다.

 4 **내국물품의 반출입 절차**

① 운영인이 내국물품을 보세판매장에 반입 시에는 반입검사신청을 한다. 이 경우 반입신고를 한 것을 본다.

② 세관장은 환급대상내국물품을 보세판매장에 공급한 자가 환급고시 환급대상내
국물품의 보세판매장 반입확인을 신청하는 때에는 반입검사신청의 내용을 확인
한 후 환급대상수출물품 반입확인서를 발급해야 한다.

> ※ 환급고시 제5조 1항
> 환급신청인은 환급등의 신청을 서류제출 없이(Paperless를 말하며, 이하 "P/L"이라 한다) 전자문서로 하
> 고, 세관장은 그 전자문서로 신청한 환급신청서의 기재사항과 법에 따른 확인사항 등을 심사하는
> 것을 원칙으로 한다. 다만, 다음 각 호의 어느 하나에 해당하는 경우(이하 "서류제출대상"이라 한다)에는
> 제11조에 따른 관련서류를 제출받아 심사할 수 있다.

③ 운영인이 반입된 내국물품을 변질, 손상, 판매부진, 기타 부득이한 사유로 반출하
려는 때에는 해당 물품을 보관창고에 구분하여 장치한 후 판매물품반출승인(신청)
서를 제출한 후 반출한다.

- 환급대상내국물품 : 정정·취하 승인서.

    ※ 정정·취하를 할 수 없는 경우, 수입 또는 반송의 절차에 의한다.

- 환급대상내국물품이외의 내국물품 : 판매물품반출승인서

④ 물품 반출 시에는 재고관리시스템에 반출내역을 신고하고 환급대상이 아닌 내국
물품을 보관할 시에는 다른 외국물품 등과 구분하여 보관한다.

5 통합물류창고 반출입 물품의 관리

① 보세창고 또는 자유무역지역 내 물류창고를 통합물류창고로 운영 시에는 관세청
장으로부터 허가를 받아야 한다.

② 전체 물품의 재고현황을 확인 할 수 있도록 반출입 관리하고 반입검사신청 후의
물품은 각 보세판매장별로 구분하여 관리한다.

> ※ 물품을 전산에 의하여 보관·관리하는 자동화 보관시설을 갖추고 재고관리가 적정하다고 세관장이
> 인정하는 경우에는 보세판매장의 물품을 통합하여 보관할 수 있다.

③ 지정보세구역에 물품을 보관한 경우, 화물관리인은 보세판매장 반입물품을 구분하여 재고 관리한다.

④ 통합물류창고(지정보세구역포함)와 보세판매장간에 장치된 물품을 반출입하거나 보세판매장에서 판매된 물품을 통합물류창고에 장치된 같은 물품으로 구매자에게 인도할 수 있다.

   ※ 구매한 물품을 국제우편 또는 항공·해상화물로 송부를 의뢰하는 경우에도 또한 같다.

⑤ 통합물류창고를 활용하여 해외 면세점에 물품을 공급하거나 공급한 물품을 재반입할 수 있다.

   ※ 공급 및 재반입 절차는 반송절차와 판매용 물품의 반입절차와 같다.

⑥ 판매장 진열 및 판매

① 물품을 판매한 때에는 구매자 인적사항 및 판매사항을 전산관리하고, 세관에 전자문서로 실시간 전송(시내면세점에서 판매된 물품을 보세운송 하는 경우 보세운송 신고 시)해야 한다.

② 대장을 판매장에 비치하고 구매자 인적사항 및 판매사항을 전산관리해야 하며, 세관장 요구 시 물품별로 확인이 가능하도록 필요사항을 기록하고 유지해야 한다.

   ※ 외국원수 및 수행원의 현장인도, 보세공장, 자유무역지역의 판매제품 보세운송은 구분하여 기록을 유지해야 한다.

- **외교관면세점**
  - 판매대장
  - 면세통관의뢰서 관리대장

- **출국장면세점, 입국장면세점, 시내면세점**
  - 판매대장
  - 구매자 관리대장

③ 출국장면세점의 판매물품을 이동판매 방식으로 판매하려고 할 때에는 이동판매대의 설치장소, 설치기한 및 판매품목 등에 대해 세관장의 승인을 받아야 한다.

 7 외교관면세점의 판매 절차

① 운영인이 외교관 구매자에게 물품을 판매할 때에는 면세통관신청서를 받아야 한다. 단, 주류와 담배를 판매할 때에는 면세통관의뢰서를 받아야 하며 그 승인 한도 내에서 분할 판매할 수 있다.

② 운영인은 물품판매 시 면세통관신청서의 구매 상품란에 상품명세서를 구체적으로 명확하게 기재하고, 외교관 구매자의 확인을 받아 세관공무원에게 제출해야 한다.
  ※ 면세통관신청서의 제출은 수입신고서로 본다.

③ 세관공무원은 면세통관신청서의 우측하단에 통관확인 필증을 날인한 후, 원본을 세관에 비치하고 사본 1부는 판매자에게 교부해야 한다. 이 경우 통관필 확인은 수입신고가 수리된 것으로 보고 세관공무원은 이를 수입신고대장에 기재해야 한다.

④ 면세통관신청서의 내용을 면세통관의뢰서 관리대장에 기록하여야 한다.

⑤ 주류와 담배에 대하여 면세통관의뢰서 잔량확인대장에 구매승인 량과 판매량 및 잔량을 기재하여 분기별로 세관공무원의 확인을 받아야 한다.

8 전자상거래에 의한 판매

① 보세판매장의 물품을 전자상거래의 방법으로 판매할 수 있다.

② 전자상거래로 물품판매를 할 때는 보세판매장물품판매신고서에 다음 서류를 첨부하여 관할세관장에게 신고해야 한다.
- 통신판매업신고증 사본
- 전자상거래 이용약관 사본
- 프로그램 개발 및 유지보수 계약서(위탁하는 경우에 한함)

③ 세관장은 운영인과 통신판매업신고인이 같은 법인인지 여부와 전자상거래 운영방법, 구매절차 및 결제방법이 적정한지 여부를 심사해야 한다.

④ 전자상거래로 물품을 판매하는 경우에는 구매자의 인적사항을 대장 또는 전산으로 기록해야 한다.

⑤ 신고한 사항을 변경하거나 판매를 휴지, 폐지 또는 재개할 때에는 미리 보세판매장 물품 판매 변경 신고서에 관련서류를 첨부하여 세관장에게 신고해야 한다.

⑥ 세관장은 신고한 사항과 다르거나 법규에 위배되는 경우에는 해당 운영인에게 기한을 정하여 시정을 명해야 하며, 기한 내에 시정하지 않았을 때에는 전자상거래 방법에 의한 물품판매 중지를 명할 수 있다.

9 판매물품의 보세운송

① 시내면세점에서 판매한 물품은 현품을 판매장에서 인도하지 아니하고 구매자가

서명한 교환권을 발행·교부하고, 인도장으로 운송한 후 해당 인도장에서 인도해야 한다. 단, 전자상거래로 판매한 경우에는 교환권 번호를 통보한 후 인도할 때 여권 등으로 구매자 본인 여부를 확인할 수 있다.

② 출국하는 외국인이 시내면세점에서 구매한 내국물품을 해당 보세판매장에서 인도받기를 원하는 경우에는 반드시 구매자의 여권과 탑승권·전자티켓 등 예약내용을 확인할 수 있는 자료와 현장인도 제한여부를 확인한 후 인도해야 하며, 판매·인도 즉시 재고관리시스템을 통하여 내국물품 현장인도 내역을 관할 세관장에게 신고해야 한다.

  ※ 전자상거래방법에 의하여 구매한 내국물품과 세관장이 구매내역 등을 고려하여 현장인도를 제한한 여행자가 구매한 내국물품 그리고 환급대상 내국물품을 제외

③ 우리나라를 방문하는 외국의 원수와 그 가족 및 수행원, 외교관례상 의전이 필요한 자 등이 시내면세점에서 구입한 물품은 구매자가 원할 경우 판매장에서 현장인도할 수 있다.

  ※ 판매 즉시 재고관리시스템을 통하여 판매내역을 세관장에게 신고해야 한다.

④ 교환권으로 판매한 물품은 반송 및 간이보세운송신고서에 따라 관할지 세관장에게 신고 후 건별로 행낭 또는 각종 운반 박스 등에 넣어 시건 또는 봉인을 한 후 인도장으로 보세운송하되, 탑승 항공기 또는 선박 출발예정 2시간 전에 도착되도록 한다. 단, 각종 운반 박스 등으로 포장되어 시건이 어려운 경우, 봉인만 한 후 운송할 수 있다.

  ※ 인도장 관할 세관장이 보세판매장과 인도장의 거리, 교통상태 등을 고려하여 인정하는 경우에는 1시간 전으로 한다.

⑤ 세관장은 보세운송업무의 신속한 처리를 위하여 재고관리시스템에서 자동으로 신고내역을 확인하여 신고수리를 할 수 있으며, 교환권으로 판매한 물품에 의한 운송물품 도착지세관장은 재고관리시스템에 의한 도착확인 및 수리를 하여야 한다. 이 경우 인도업무 담당자에 따라 인도자가 지정된 인도장의 보세운송 도착확인 및 수리 업무는 인도자에게 위탁한다.

⑥ 출국장면세점 운영인은 전자상거래방법으로 판매한 물품을 교환권 번호를 통보한 후 인도할 때 여권 등으로 구매자 본인 여부를 확인 절차에 따라 인도장에서 인도할 수 있다.

그림 2-1_ **시내면세점 상품판매**

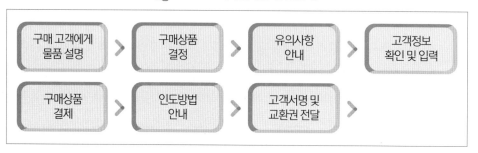

구매 고객에게 물품 설명 > 구매상품 결정 > 유의사항 안내 > 고객정보 확인 및 입력

구매상품 결제 > 인도방법 안내 > 고객서명 및 교환권 전달 >

04 인도자

1 인도자 지정

① 인도장에서 시내면세점에서 판매한 물품을 구매자에게 인도하는 업무를 담당하려는 자는 다음에 해당하는 자로 인도장 관할세관장으로부터 지정을 받아야 한다.

A. 인도자는 다음에 해당하는 자여야 한다.
- 보세판매장 협의단체
- 관세행정 또는 보세화물관리와 관련 있는 비영리 법인

B. 다음에 해당하는 자는 인도자로 지정될 수 없다.
- 미성년자
- 금치산자와 한정치산자
- 파산선고를 받고 복권되지 아니한 자
- 관세법을 위반하여 징역형의 실형을 선고받고 그 집행이 종료되거나 면제된 후 2년이 경과되지 아니한 자
- 관세법을 위반하여 징역형의 집행유예의 선고를 받고 그 유예기간 중에 있는 자
- 관세법상의 벌칙규정에 의하여 벌금형 또는 통고처분을 받은 자로서 그 벌금형을 선고받거나 통고처분을 이행한 후 2년이 경과되지 아니한 자
- 관세 및 국세의 체납이 있는 자

② 인도자로 지정받고자 하는 자는 지정신청서와 서류를 구비하여 세관장에게 인도자 지정신청을 해야 하며, 세관장은 5년의 범위 내에서 기간을 정하여 인도자를 지정하고 그 지정사항을 관세청장에게 보고해야 한다.

※ 타인의 시설을 임차하여 사용하는 경우로서 잔여 임차기간이 5년 미만인 경우에는 해당 임차기간을 기준으로 한다.

인도자의 지정은 화물관리인으로 지정한 것으로 보며, 인도자의 지정기간의 갱신 및 지정취소는 다음과 같다.

A. 지정신청 시 구비서류

- 인도장 운영계획서 1 부
- 채용 보세사 자격증 사본 각 1 부
- 세관장이 인도자 지정 및 인도장 관리에 필요하다고 인정하는 서류

B. 지정기간 갱신 및 지정내용 변경

- 인도자 지정기간을 갱신하는 자는 지정기간 만료 30일 전까지 지정신청 시 구비한 서류 중 변경된 내역을 구비하여 세관장에게 지정기간 갱신신청을 해야 한다.
- 세관장은 지정기간 갱신신청이 있을 경우, 요건을 심사하고 5년의 범위 내에서 기간을 정하여 지정기간의 갱신을 승인할 수 있으며 승인 시는 승인사실을 관세청장에게 보고해야 한다.
- 인도자는 인도장의 수용능력을 증감하거나 수선 등 시설을 변경할 때에는 사전에 관할 세관장에게 사유와 함께 신고해야 한다.

C. 세관장은 다음에 해당하는 경우 인도자 지정을 취소할 수 있으며 취소한 경우 관세청장에게 보고해야 한다. 단, 세관장은 면세물품 인도 업무를 원활하게 수행하기 위하여 새로운 인도자 지정 때까지 지정취소를 보류할 수 있다.

- 미성년자
- 금치산자와 한정치산자
- 파산선고를 받고 복권되지 아니한 자

- 관세법을 위반하여 징역형의 실형을 선고받고 그 집행이 종료되거나 면제된 후 2년이 경과되지 아니한 자
- 관세법을 위반하여 징역형의 집행유예의 선고를 받고 그 유예기간 중에 있는 자
- 관세법상의 벌칙규정에 의하여 벌금형 또는 통고처분을 받은 자로서 그 벌금형을 선고받거나 통고처분을 이행한 후 2년이 경과되지 아니한 자
- 관세 및 국세의 체납이 있는 자
- 경고처분을 1년 내에 3회 이상 받은 때
- 인도자가 고의 또는 중대한 과실로 법을 위반하거나 관세행정 질서를 어지럽혀 세관장이 인도자 지정 취소가 타당하다고 인정할 때
- 인도자가 실제 인도장 업무를 수행하지 않아 지정취소를 요청하는 경우

③ 세관장은 인도장의 수용능력 초과로 추가설치가 필요하거나 공항·항만출국장내에서 공간이 협소하여 인도장 설치가 불가능한 경우에는 보세화물 관리와 안전에 이상이 없는 범위 내에서 출국장 인접 보세구역에 한하여 1년의 범위 내에서 임시 인도장을 지정할 수 있다.

② 판매물품의 인도

① 인도자는 인도장의 업무량을 고려하여 적정인원의 보세사를 채용하여야 하며 인도업무를 보세사에 위임할 수 있다.

② 인도자는 세관장의 승인을 받아 인도업무를 보조할 직원(인도보조자)을 둘 수 있다.

③ 인도자는 인도자와 인도보조자의 근무시간 및 근무방법을 세관장에게 보고하여야 하며, 운영인이 운송한 물품을 인도자에게 인도할 장소를 지정하고 인도자와 인도보조자의 근무 및 물품인도에 관한 사항을 지휘 감독한다.

④ 인도자는 첫 항공편 출발예정시간 1시간 전부터 마지막 항공편이 출발하는 때까지 판매물품 인도업무를 수행할 수 있도록 보세사 및 인도보조자를 근무 배치해야 한다.

⑤ 인도자는 인도장에 보세운송 물품이 도착된 때에 건별로 행낭 또는 각종 운반 박스 등에 넣어 시건 또는 봉인을 했거나 각종 운반 박스 등으로 포장되어 시건이 어려운 경우, 봉인만 한 물품)시건과 봉인에 이상이 없는지를 확인한 후 시건을 개봉하고 보세운송 책임자와 인도자가 판매물품 인수인계서를 작성하여 인수인계를 해야 하며, 세관공무원은 필요한 경우 보세운송 도착물품을 검사할 수 있다.

⑥ 인도자는 물품의 인수를 완료한 때에는 세관공무원에게 이상 유무를 보고하여야 하며, 보세사는 재고관리시스템의 당해 보세운송에 대헤 도착확인 등록을 해야 한다.

⑦ 인도자는 아래와 같이 구매자에게 물품을 인도한다.
  • 구매자로부터 교환권을 회수해야 하며, 구매자의 직접서명을 받고 구매 시의 서명이나 인적사항을 대조 확인해야 한다. 단 미화 3,000달러를 초과하여 구매한 출국내국인의 경우 미화 3,000달러를 초과하지 않는 범위 내에서 물품을 인도하고 인도하지 않은 물품에 대하여 구매대금의 환불이 가능하도록 운영인에게 통보해야 한다.
  • 인도자는 인도보조자에게 인도 업무를 위임할 수 있으나 교환권별 구매금액이 여행자휴대품면세범위 이상인 때에는 인도자가 교환권 여백에 인도확인 서명을 해야 한다. 단, 세관장은 인도장의 특성을 고려하여 인도자의 인도방법을 조정할 수 있다.
  • 세관장은 품목 및 금액, 구매 선호도 또는 정보 분석 등에 의하여 세관공무원의 물품인도 입회대상물품을 지정하여 세관공무원으로 하여금 입회하도록 하여야 한다.
  • 인도자는 당일 인도할 물품 중 세관장이 지정하는 물품에 대해서는 수시로 세관공무원에게 인도 예상시간을 구두로 통지해야 한다.

- 인도자는 교환권의 여권번호가 다른 경우에는 세관공무원의 지시에 따라 인도할 수 있다.

  ※ 세관공무원은 출입국사실 등을 조회하여 본인여부 및 고의성 여부 등을 판단해 하며, 인도자는 인도 즉시 해당 물품을 판매한 운영인에게 통보하여 해당 물품의 보세운송신고 내용을 정정하도록 해야 한다.

- 인도자는 인수자가 교환권을 분실한 경우에는 구매자의 성명, 여권번호, 출국편명(출국일) 등 인적사항을 확인한 후, 동일인임이 확인된 경우에 한해 교환권을 재발행할 수 있다.

그림 2-2_ **물품인도 절차**

⑧ 세관장은 물품인도 사항을 지휘 감독한다.

- 세관장은 필요한 경우 인도자의 인도 업무가 적정하게 운영되는지 여부를 점검할 수 있다.
- 세관공무원이 확인할 때는 지정된 물품 전체에 대하여 확인하며, 물품의 품명, 규격, 구매자의 국적, 여권번호 및 성명 등을 확인해야 한다.

⑨ 인도자는 회수된 교환권을 정리하여 세관장에게 보고한 후 매월 10일 또는 세관장이 지정한 날자 단위로 판매자에게 송부해야 한다.

⑩ 운영인 및 인도자는 판매한 물품이 미인도되는 사례가 발생하지 않도록 다음 사항을 이행해야 한다.

- 교환권 이면에 인도절차에 대한 상세한 안내문을 인쇄해야 한다.
- 미인도물품이 발생한 경우 즉시 물품을 송부할 수 있도록 물품판매 시 교환권의 연락처 기재여부를 확인하거나 여행안내인 등의 연락처를 확보해야 한다.

- 판매물품을 구매자의 출국일시에 인도될 수 있도록 인도장으로 신속히 운송해야 한다.
- 인도자는 출국장의 잘 보이는 곳에 인도장의 표시를 하여 구매자들이 인도장 위치를 쉽게 확인할 수 있도록 해야 한다.
- 인도자는 공항·항만 시설 관리자와 협의하여 방송 등을 통해 판매물품 인도에 대한 홍보를 해야 한다.
- 운영인 및 인도자는 판매사원과 인도장 근무 직원에게 물품인도에 대한 교육을 실시하고 물품판매 시 구매자에게 물품인수 절차에 대한 사전홍보를 해야 한다.

⑪ 구매자가 구매한 물품을 국제우편 또는 항공·해상화물로 송부할 경우 운영인 또는 보세사는 구매자가 작성한 국제우편 또는 항공·해상화물 송부의뢰서 3부 중 1부를 구매자에게 교부하고, 2부는 판매물품과 함께 구매자가 지정한 기일 내에 통관우체국 또는 항공·해상화물 탁송보세구역으로 보세운송하여 세관공무원 입회하에 통관우체국 담당공무원 또는 항공·해상화물 탁송 보세구역 운영인에게 인도해야 한다.

국제우편 또는 항공·해상화물 송부의뢰 물품은 다음의 절차에 따른다.
- 판매장 순찰공무원은 판매물품 중 일부를 발췌하여 내용물을 확인할 수 있으며, 확인한 물품은 포장 후 시건과 세관봉인을 해야 한다.
- 국제우체국에 근무하는 세관공무원은 도착확인 시 소포물 포장 및 세관직원 봉인상태 이상유무를 확인하여, 이상이 없을 경우 국제우체국 소포창구까지 호송하여 국제우편물 담당공무원에게 인계해야 한다.
- 공항·항만 세관에 근무하는 세관공무원은 보세구역에 도착한 물품의 도착 확인 시 항공·해상화물송부의뢰서에 포장 및 봉인상태 이상유무를 확인하며, 보세판매장 운영인은 선·기적을 입증할 수 있는 서류를 보관해야 한다.

⑫ 보세운송 시에는 국제우편 또는 항공·해상화물송부의뢰서 2부를 보세운송신고서에 첨부하여 신고해야 하며, 1부는 보세운송 도착지 세관공무원의 확인을 받아 운영인이 보관해야 한다.

⑬ 보세판매장의 물품은 구매자에게 판매하고 판매내역이 구매자관리대장에 기록되거나 전산처리설비에 저장된 때 반송신고한 것으로 보며, 인도장 또는 보세판매장에서 구매자에게 인도하거나 국제우체국 또는 공항·항만 보세구역으로 보세운송신고하여 수리된 때 반송신고가 수리된 것으로 본다.

※ 내국물품의 경우 인도된 때 수출신고가 수리된 것으로 본다.

⑭ 인도자는 구매자의 편의와 원활한 인도업무를 위해 필요하다고 인정되는 경우에는 세관장의 승인을 받아 2개 이상의 보세판매장 판매물품을 하나의 인도장에서 통합하여 인도할 수 있다.

※ 개별 보세판매장 운영인은 통합인도에 필요한 전산설비와 구매자 인적사항 및 판매사항이 포함된 판매내역을 인도자에게 제공할 수 있다.

③ 보세공장 물품 등의 반출입 절차

① 보세공장 또는 자유무역지역에서 보세판매장 제품을 판매하기 위해 운송할 때에는 보세판매장 관할세관 반입신고서와 판매계약서를 첨부하여 보세운송절차에 따라 운송해야 한다.

② 보세판매장 판매용 물품 중 보세공장 또는 자유무역지역에서 제조·가공된 물품으로서 변질, 손상, 판매부진, 그 밖의 부득이한 사유로 해당 물품을 반출할 때에는 해당 물품을 보관창고에 구분하여 장치하고 세관장에게 판매물품반출승인(신청)서를 제출하여 승인을 받아야 한다.

③ 운영인은 승인받은 물품을 보세판매장으로부터 반출할 때에는 재고관리시스템을 통하여 반출내역신고를 해야 하며, 보세공장 등으로의 보세운송신고는 반출내역신고로 대신한다.

4 보세판매장간 물품의 양수도 업무처리 절차

① 보세판매장에 반입된 판매물품을 타 보세판매장으로 양도할 때에는 보세운송 절차에 따라야 한다.

② 보세운송을 하려는 자는 양수도계약서 사본 1부를 첨부하여 양도·양수물품 보세운송신고를 하고, 보세운송 신고수리일부터 7근무일 이내에 해당 물품을 보세판매장에 반입하고 세관장에게 보고해야 한다. 단, 재고관리시스템에 의해 양수도하는 경우의 보세운송 도착보고는 양수인의 반입검사신청으로 대신할 수 있다.

③ 보세판매장에서 판매한 물품을 구매자가 출국하는 공항·항만의 세관으로 보세운송하기 곤란하고 구매자가 출국하는 공항·항만의 인근에 같은 법인의 보세판매장이 있는 경우에는 보세판매장간 해당 물품이 판매된 것으로 보고 출국지 보세판매장의 같은 물품을 인도장으로 보세운송할 수 있다. 이때에 해당 물품을 실제로 판매한 보세판매장에서는 구매자에게 교환권을 발급한 후 교환권의 사본을 모사전송 등의 방법으로 출국지 보세판매장으로 송부하고 출국지 보세판매장에 같은 사본으로 판매물품을 인도장으로 보세운송 한다.

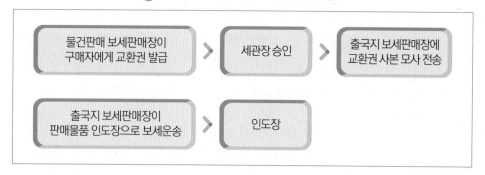

그림 2-3_ **보세판매장간의 물품의 양수도**

④ 보세판매장에서 판매한 물품의 재고관리는 물품을 실제로 판매한 보세판매장에서는 판매되지 않은 것으로 하고 출국지 보세판매장에서는 판매한 것으로 정리해야하며 회수한 교환권을 출국지 보세판매장에서 보관해야 한다.

 5 대금영수

판매대금은 원화 또는 외화로 영수할 수 있으며, 외화로 영수하였을 때에는 환율계산에 있어서 단수는 고객에게 유리하게 절사하고 거스름돈이 없을 때에는 원화로 지불해야 한다.

 6 미인도 물품의 처리

① 인도자는 판매물품이 인도장에 반입된 후 5일 이상이 경과해도 구매자에게 인도되지 않을 때에는 미인도 물품목록을 작성하여 세관장에게 보고하고, 인도자의 입회하에 현품을 행낭 또는 각종 운반용 박스 등에 넣은 후 보세사가 시건 또는 봉인을 하여 지정장소에서 해당 물품을 판매한 운영인에게 인계해야 한다.

※ 판매취소 등 구매자의 미인수 의사가 명확한 미인도 물품은 인도장 반입 후 5일 경과 전이라도 운영인에게 인계할 수 있다.

② 운영인은 인계받은 물품을 해당 보세판매장으로 보세운송신고하고, 보세운송신고수리일부터 7근무일 이내에 해당 보세판매장에 반입하고 미인도 물품대장을 기록·관리해야 한다.

③ 운영인은 재반입된 미인도 물품은 지체없이 물품판매 교환권의 연락처 및 여행안
내인의 연락처 확보로 구매자의 해외주소를 확인하고 해당 물품을 즉시 우편으로
송부해야 한다.

④ 보세판매장에 재반입된 미인도물품은 반입된 날부터 10일이 경과한 후 미인도물
품 해제 신청을 거쳐 재판매할 수 있다.

　　※ 부패, 변질 등의 우려가 있거나, 구매자가 구매취소 의사를 표시하였거나, 해당 물품과 같은 물품을
　　확보할 수 있어 구매자의 물품 인도 요구에 즉시 응할 수 있는 경우에는 반입 즉시 재판매할 수 있다.

7 반품, 분실물 등의 처리

① 운영인이 구매자로부터 국제우편 또는 항공·해상화물로 판매물품의 교환·환불요
청을 받은 때에는 국제우편 또는 항공·해상화물로 교환·환불할 수 있으며, 구매
자가 구입물품을 직접 휴대 입국하여 교환·환불을 요청한 경우에는 입국 시에 반
드시 세관에 휴대품 신고 및 유치한 후 출국장면세점에서 교환·환불을 하거나 시
내면세점으로 보세운송 후 시내면세점에서 교환·환불할 수 있다. 단, 교환된 물품
은 우리나라를 방문하는 외국의 원수와 그 가족 및 수행원 등이 시내면세점에서
구입한 물품을 제외하고는 구매자가 출국할 때 인도장에서 인도되어야 한다.

　　※ 교환·환불하려는 물품가격 총액이 여행자휴대품 면세범위 이하인 경우는 제외

② 운영인이 구매자로부터 입국장면세점에서 구매한 물품의 교환 또는 환불 요청을 받
은 때에 세관의 통관 절차 전에는 입국장면세점에서 직접 교환 또는 환불을 하게 할
수 있으며, 통관 절차 후에는 국내우편 및 택배를 통하여 교환·환불을 할 수 있다.

③ 운영인이 판매물품을 교환하여 준 경우에는 반품된 물품은 보세판매장에 재반입
절차를 거치고 교환하여 주는 물품은 판매절차에 따라 처리해야 한다. 또한 가격
차이가 있을 때에는 차액을 병기해야 한다.

④ 보세판매장 물품이 분실외의 사유로 현품과 대장상의 수량이 일치하지 않을 때에는 부족 수량을 월간 매출액과 대비하여 상관례상 불가피하다고 인정되는 범위 이내인 때에는 범칙조사 절차 없이 해당세액을 추징하고 재고대장에서 공제 처리한다. 단, 부족물품의 발생사유에 고의가 인정되는 경우에는 자체 조사 후 통고처분해야 하며, 위반사항은 즉시 조사전담부서로 고발(송치)의뢰를 해야 한다.

특허상실에 따른 재고물품의 처리

① 보세판매장의 설치·운영특허가 상실되었을 때에는 세관장은 즉시 재고조사를 실시하고 현품을 확정해야 한다.

② 운영인은 특허가 상실된 때에는 6개월 이내의 범위 내에서 세관장이 정한 기간 내에 재고물품을 판매, 다른 보세판매장에 양도, 외국으로 반출 또는 수입통관절차에 의해 통관하여야 하며, 정한 기간이 경과한 때에는 지정장치장 또는 세관장이 지정한 보세구역으로 이전해야 한다.

③ 지정장치장 또는 세관장이 지정한 보세구역으로 이전한 물품은 운영인이 이전한 날부터 6개월 이내에 타 보세판매장에 양도하지 않거나 외국으로 반출하지 아니하는 때에는 체화처리 절차에 의해 처리한다.

9 미판매 재고물품의 처리

① 운영인은 외국물품을 변질, 고장, 재고과다, 유행의 변화에 따라 판매하지 못하는 때에는 다음 방법에 의해 세관장의 승인을 받아 반송하거나 폐기할 수 있으며, 해당 물품을 반송 또는 폐기한 때에는 재고관리시스템을 통하여 반출내역신고를 해야 한다.

- 반송 : 판매물품반출승인(신청)서 제출
- 폐기 : 재고관리시스템에 의하여 전자문서로 폐기신청

② 운영인은 폐기하는 물품의 가치가 상당하여 폐기하는 것이 불합리하다고 판단되는 경우에는 지정장치장 또는 세관장이 지정하는 보세구역으로 보세운송하여 체화처리절차에 의해 처리하여 줄 것을 세관장에게 신청할 수 있다.

③ 운영인은 해당 물품의 공급자(국내공급자와 해외공급자의 국내법인을 포함한다)가 국내에 소재하는 경우에는 판매물품반출승인(신청)서에 의하여 세관장의 승인을 받아 국내의 공급자에게 해당 물품을 반품할 수 있다. 이 경우 반품하는 물품에 대하여 세관화물정보시스템을 통하여 화물관리번호 생성 및 보세운송신고를 하여야 하며, 화물관리번호가 생성된 때에는 해당 물품에 대해 재고관리시스템에 반출내역신고를 해야 한다.

10 전자문서에 의한 신고

① 운영인은 고시에서 정하는 보세판매장 물품의 반출입에 따른 신고, 신청 및 업무사항에 대한 보고 등은 전자문서로 세관장에게 제출해야 한다.

② 세관장은 보세판매장 물품의 반출입 제출된 신고 등에 대하여 검사·감시·감독 등 필요한 경우를 제외하고는 고시에서 정하는 서류의 제출을 생략하게 할 수 있다.

③ 보세판매장 물품관리와 관련하여 재고관리시스템의 처리에 관한 사항은 관세청장이 따로 정하는 바에 의한다.

⑪ 여행자 휴대품 면세 범위

① 여행자 휴대품 면세 범위는 미화 600달러이며, 승무원의 휴대품 면세 범위는 미화 100달러이다. 아래 물품은 위 면세 범위와 별도로 면세로 처리된다.

> 🎯 주류 1병(1리터 이하), 담배 1보루(200개비), 향수(2온스)9
> 단, 미성년자(만 19세 미만)에게는 주류, 담배 면세 제외

② 농축산물 및 한약재 면세범위는 1인당 총량 50킬로그램 이내, 해외 취득 가격 10만원 이내로 검역을 통과한 물품에 한한다.

> 🎯 참기름·참깨·꿀·고사리·더덕 5킬로그램, 잣 1킬로그램, 쇠고기 10킬로그램, 기타 농산물은 품목당 5킬로그램 이내, 인삼·상황버섯 300그램, 녹용 150그램, 기타 한약재는 품목당 3킬로그램 이내

> 🎯 면세 범위 초과 물품에 대한 통관
> 해외여행 중 면세범위 초과 물품을 자진 신고하면 15만원 한도 내에서 관세의 30%를 경감한다. 또한 2년 내 미신고 가산세를 2회 징수 받은 경우 3회부터 납부 세액의 60%를 가산세로 부과한다.

> 🎯 출국 여행자 면세 물품 구입 시 유의사항
> 출국 시 면세물품 구매 한도는 1인당 미화 3,000달러지만, 입국 시 면세범위는 미화 600달러이며, 초과분에 대해서는 세관 신고 후 세금을 납부해야 한다.

Chapter

03

글로벌
고객응대

01 국가별 선물문화의 특징

1 국가별 선물문화

1) 중국

- 사회주의 국가인 중국에서 선물은 '상대에 대한 존경'의 의미를 지니고 있어서 선물교환을 중요하게 여긴다. 선물을 받을 때 2~3회 정도 거절하는 것을 예의라고 생각하기 때문에 선물 받는 사람이 거절을 하더라도 계속 권해야 한다.

- 선물을 받게 된 경우에는 감사의 말만 표현하고, 즉석에서 개봉하지 않는 것이 매너이다. 받은 선물을 즉석에서 개봉하고 감사를 전하는 서양의 선물문화와는 다르다.

- 협상이나 미팅에서도 상호 간에 간단한 선물 교환식을 하는 것이 관례이므로, 기념품 정도는 준비하는 것이 좋다.

- 선물과 뇌물은 반드시 구분되어야 한다. 중국에서도 뇌물 적발 시에는 엄중하게 처벌된다.

- 중국어로 배(梨)는 '이별(離)', 사과는 '병고(病苦)', 거북이는 '왕빠(王八: 거북이는 아버지가 누구인지 모른다고 전해져서, 부모도 못 알아보는 나쁜 사람)'의 의미를 지니고 있어서 선물하지 않는다.

- 우산(雨傘), 부채(扇)는 '흩어지다, 헤어지다'의 의미를 지닌 '散'과 발음이 유사해서 선물하지 않으며, 우산과 부채를 받는 경우에는 상대방이 '더 이상 만나고 싶지 않다'의 의미를 전달하는 것으로 생각한다.

- 괘종시계의 종(鐘)이 '끝내다. 죽다'의 의미인 '終'과 발음이 유사하므로 선물하지 않는다.
- 손수건은 장례식 등에서 조문객의 답례품으로 사용되기도 하며, '불길함, 장례'등을 연상시키기 때문에 선물로 적절하지 않다. "손수건을 선물하면 자손이 끊긴다." 라는 말이 전해져 오기도 한다.
- 중국에서는 금색과 붉은 색을 선호하여 축의금은 붉은 봉투에 짝수의 지폐를 넣고, 부의금은 흰 봉투에 홀수의 지폐를 넣는다.

2) 일본

- 같은 공간의 사람들에게 통일한 선물은 성의가 부족하다고 오해를 할 수 있어 적절하지 않다.
- 선물을 받을 때는 성의를 갖춰 받고, 답례하는 것은 필수이다. 받은 만큼 답례하는 것이 도리이며, 과도한 선물은 부담이라고 여긴다.
- 일본에서는 흰색을 죽음의 의미로 생각한다.
- 꽃을 선물로 하는 경우는 홀수로 하고, 흰 백합과 흰 국화는 장례식용이므로 선물로 적절하지 않다.

3) 인도

- 첫 만남에서 고가의 선물은 금기시되며, 선물을 받으면 비슷한 가격으로 답례한다.
- 축의금과 부의금은 '11, 51, 101, 501'의 숫자에 맞춘다.
- 포장지 색상은 빨강, 노랑, 파란색을 선호하며, 검정색과 흰색은 피한다.
- 꽃은 지방마다 의미 차이가 있으며, 장미는 무난하다.
- 사진을 액자에 넣어 선물하는 것은 '우정'의 의미이다.
- 힌두교는 소를 숭배하기 때문에 선물로 소가죽 제품인 지갑, 벨트, 가방 등을 받으

면 모욕으로 인식한다.

- 금제품은 선호하지만, 가족과 친인척 사이에서만 선물하는 품목이다.

4) 이슬람

- 술, 돼지고기 및 햄, 소시지 등의 제품과 돼지의 캐릭터 상품인 돼지 저금통 등은 선물로 금기시되고 있다.
- 이슬람에서 한국인 교민들이 야외 삼겹살 파티를 하는 경우 야만인으로 취급되기도 한다.
- 파키스탄 등은 돼지고기를 집에서 구워 먹는 경우 신고의 대상으로, 벌금이 부여되고, 여행자는 추방된다.
- 이슬람 문화권에서 여성의 비키니 사진 등의 노출 사진과 포르노물은 금기시된다.
- 지인의 여자 식구에게 선물하는 것은 금기이며, 안부 문의도 금기시 되고 있다.
- 이슬람 문화권에서 선물은 반드시 오른손으로 주고받아야 한다. 왼손은 화장실에서만 사용되는 손이다.
- 이슬람 문화권에서 애완동물을 선물하는 것은 금기이다.
- 이슬람 문화권에서 선호하는 선물은 나침반과 휴대용 방석(1일 5회 기도에 사용), 인삼 제품 등이다.

5) 기타 국가

- 싱가포르 : 식사 초대 시 음식을 선물하는 것은 '모욕'으로 생각한다.
- 말레이시아 : 개와 관련된 선물(캐릭터 포함)은 금기이고, 알코올 성분 함유된 향수 제품 선물은 피한다. 가정 방문의 경우 선물을 준비하고 집을 떠날 때 전달한다.
- 태국: 향수, 손수건은 연인 사이에 하는 선물이다.
- 남아공 : 초콜릿은 'kiss me'의미로 연인에게 선물한다.

- 핀란드 : 여성에게 속옷 선물할 때는 작은 사이즈로 한다. 실용성보다는 상대 여성의 기분을 위한 배려하고 생각한다.
- 캐나다 : 선물로 가전제품을 주는 경우 '집에서 살림이나 해'라는 의미이며, 다이어트 관련 제품의 경우는 '넌 뚱뚱해서 살을 빼야 해'의 의미를 지니고 있다고 여기므로 금기이다.
- 폴란드 : 가정 초대 시 꽃은 필수 선물 아이템이며, 돌잔치에 아기의 신발을 선물하는 것은 '저주'의 의미로 생각하기 때문에 금기이다.

TIPS ✏ **선물을 주고받을 때 매너**

- 선물을 든 채 다른 집에 들르지 않는다.
- 선물은 집안에 들어가 인사를 하면서 정중한 자세로 드린다.
- 선물을 받으면 바닥이 아닌 곳에 올려놓는다.
- 선물과 동봉한 카드나 편지를 먼저 읽는다.

02 글로벌 문화의 차이

1 외국인이 오해하는 한국인의 습관

① 한국인은 꾸중을 들을 때 상대방의 눈을 똑바로 바라보지 않는다. 그러나 외국인 들은 상대방의 눈을 똑바로 바라보지 못하는 사람은 존경심이 없거나 정직하지 못 하다고 생각하기 때문에 오해할 수 있다.

② 양복에는 흰 양말이 맞지 않는 차림이라 생각하므로 신지 않는다. 바지 색에 맞춰 서 양말을 신는다.

③ 동성 간에 손을 잡거나 팔짱을 끼지 않는다. 동성애자로 오해받기 쉽기 때문이다.

④ 자신이 마신 잔으로 다른 사람에게 술을 권하지 않는다. 이는 비위생적이라고 생 각하기 때문에 외국인들에게는 해서는 안 되는 행동이다.

2 한국인이 오해하는 외국인의 습관

① 한국에서는 식사 중에 밥그릇에 수저를 꽂아두는 행동은 금기한다. 제사를 지내 는 경우에만 허용된다.

② 둘째손가락으로 사람을 가리키면 한국인들은 매우 무례하게 생각한다.

③ 한국에서는 연장자의 이름을 부르는 것을 무례한 행동으로 생각하기 때문에 상대의 성에 직함을 붙여서 부른다.

④ 연장자에게 한 손으로 물건을 주거나, 한 손으로 상대가 주는 물건을 받는 것은 한국에서 매우 무례한 행동으로 간주 된다. 물건을 주고받을 때는 반드시 두 손으로 주고받는 것이 예의 바른 행동이다.

⑤ 한국인들은 빨간색으로 사람의 이름을 쓰는 것을 금기한다.

③ 나라별 행동문화의 차이

I) 나라별 얼굴 표정과 행동의 차이

- 윙크하기 : 호주에서는 우정을 표시하기 위해 윙크하는데 여성을 향해서 윙크하는 것은 적절하지 않다.

- 눈 깜빡이기 : 대만에서는 상대방을 향해 눈을 깜빡이는 것을 무례한 행동이라고 생각하므로 주의해야 한다.

- 눈썹 올리기 : 페루에서는 '돈'의 의미로 '돈을 나에게 지불하라'라는 의미이다.

- 코 때리기 : 영국에서는 비밀이나 은밀함을 의미하며 이탈리아에서는 다정한 충고를 의미한다.

- 코에 원 그리기 : 콜롬비아에서는 동성애자를 뜻한다.

- 엄지로 코 밀기 : 유럽에서 많이 알려진 행동 중의 하나로 조롱의 의미를 나타낸다.

- 귀 잡기 : 인도에서는 후회한다는 의미이며 브라질에서는 엄지와 검지로 귀를 잡는 행동은 내용을 이해하고 있다는 의미이다.

- 뺨을 손가락으로 누르기 : 이탈리아에서는 칭찬을 나타낸다.

- 턱 두드리기 : 이탈리아에서 별 재미가 없거나 꺼져버리라는 의미로 턱을 두드린다.
- 머리 끄덕이기: 불가리아인과 그리스인들에게 머리를 끄덕이는 것은 'No'를 의미하며, 그 외의 다른 나라는 'Yes'를 의미한다.
- 상대방을 오라고 부를 때: 서양인들은 손바닥을 위로 향해 손짓하는 데에 반해 중동과 극동지역은 손바닥을 아래로 향해 손짓한다.
- 엄지와 중지로 원을 만들어서 OK 사인의 의미: 한국에서는 '준비가 다 되었다. 좋다, 가능하다'의 뜻이지만 일본에서는 '돈'을 의미하고, 브라질에서는 외설적 의미를 나타낸다. 프랑스 프로방스지방에서는 '일생에 도움이 안 되는 헛된 놈'이란 욕의 의미를 나타낸다.
- 중지를 내미는 행동: 서양에서는 외설적이고 부정적인 의미를 나타내고, 로마인들은 중지를 염치없는 손가락이라고 부른다.
- V자 사인의 의미: 대부분 유럽국가에서는 손바닥을 바깥쪽으로 향하게 V자 사인을 한다. 그리스인들은 영국이나 프랑스인들과 정반대로 손등을 보이면서 V자 사인을 하는데, 반대로 손바닥을 바깥쪽으로 향하여 V자 사인을 하면 서로에게 욕을 하는 것이다.

TIPS 🖋 **국가별 인사법 차이**

- 악수 : 미국, 독일, 프랑스, 중남미
- 입맞춤 : 러시아, 프랑스, 이탈리아, 스페인, 포르투갈 등
- 포옹(아브라쏘) : 멕시코, 아르헨티나, 콜롬비아 등 중남미 나라
- 코 비비기 : 폴리네시안, 터키
- 침 뱉기 : 아프리카 탄자니아의 마사이 한 부족
- 기타 : 뺨치기, 혓바닥 길게 내밀기 등

4 다양한 이문화의 이해

1) 동양의 다양한 이문화

1 일본

- 일본의 술 문화 중 중요한 사항은 함께 마시는 옆 사람의 술잔이 비어 있으면 안 되는 것이다.
- 외국인, 특히 여성을 대상으로 불법체류자 불심검문이 종종 있으니 일본에서 술을 마시러 나가는 경우 여권이나, 여권 사본을 지참하는 것이 좋다.

2 홍콩

- 홍콩은 거리에 담배꽁초나 휴지 등을 버리면 6개월의 금고형이나 벌금 HK$ 50,000을 물어야 하므로 주의해야 한다.
- 홍콩 날씨기 매우 변덕스럽기 때문에 항상 우산이나 우의를 준비하는 것이 좋으며, 특히 4월 하순부터 9월 하순에 걸친 우기에는 하루에 수십 차례 날씨가 변하므로 이를 대비해야 한다.

3 중국

- 중국에서는 화장실 문을 열 때 문이 잠겨있지 않더라도 반드시 노크를 해야 한다. 중국인들은 화장실 문을 잠그지 않고 사용하는 경우가 많다.
- 중국 남성이 함께 산책하자고 한다면 그것은 데이트 하자는 의미이다.

4 태국

- 태국에서는 머리에 손을 대는 것이 금기시 되어 있다. 발로 물건을 가리키는 것도

삼가 해야 한다. 또한 태국은 국왕을 모시는 국가이므로 왕과 왕비의 사진을 손가락으로 가리키는 행위를 삼가 해야 한다.

- 태국은 우리나라와 차선도 반대이고 오토바이가 많은 관계로 도로를 횡단할 때에는 좌우를 잘 살펴야 한다.
- 97년부터 내국인과 외국인을 막론하고 길거리에 담배꽁초나 쓰레기를 버리면 2000바트 이상의 벌금을 내야하므로 주의해야 한다.
- 여성의 경우 스님을 함부로 만지지 말아야 하며 스님의 숙소에 출입하여서는 안 된다.

⑤ 인도네시아

- 인도네시아에서 왼손은 부정한 것이므로 악수를 하거나 물건을 받을 때는 오른손을 사용한다.
- 사람의 머리에 손을 대면 안 된다.
- 대화 중 허리에 손을 얹으면 안 된다. 그러면 화가 난 것으로 오해한다.
- 인도네시아의 발리를 방문할 때에는 모기향 및 모기 퇴치제를 꼭 가지고 가야한다. 방갈로 스타일의 숙박 시설에 묵을 경우 반드시 필요하다.
- 인도네시아 방문 시, 말라리아와 급성간염 예방을 위해 미네랄워터나 음료수를 마시는 것이 좋다.

⑥ 싱가포르

- 싱가포르는 공공장소에서의 흡연이 금지되어 있으며, 거리에서 침을 뱉거나 공공교통수단에서의 음식물 섭취는 무거운 벌금이 부과된다.
- 무단횡단은 $50, 거리에 쓰레기를 버리거나 침 뱉기만 해도 $1,000의 벌금이 있고, 금연 장소에서 흡연 시에도 $1,000의 벌금이 부과된다.
- 화장실에서 용변 후 물을 내리지 않으면 $150, 두 번째 적발 시 $500, 세 번째 적발 시 $1,000을 내야 한다.

7 사이판

- 사이판은 깊은 바다와 얕은 바다를 나누어주는 자연 방파제가 있다. 절대 방파제 주변에는 가지 않는 것이 좋다. 북 마리아나 제도에 가장 깊은 마리아나 해구가 있다는 것을 명심해야 하며 동굴비치나 파도가 많이 치는 비치에서는 파도 근처에 가면 위험하니 주의하여야 한다.
- 원주민과 사소한 문제라고 하더라도 절대 다투지 않는 게 좋다. 사이판은 법보다 종족이 가깝기 때문에 봉변을 당할 수도 있다.
- 바닷물 속에서 너무 화려하거나 지느러미가 날개처럼 생긴 물고기는 건드리지 않는 것이 좋다. 일명 스톤피쉬(STONE FISH)라는 물고기인데 독을 가지고 있고 실수로 쏘였을 경우 바로 병원으로 가야하며, 물고기의 모양을 기억해두면 의사가 조치할 때 도움이 된다.
- 사이판의 산호나 소라 등이 예쁘다고 해서 절대로 함부로 채취하면 안된다. 산호를 따거나 소라 종류를 잡을 시 벌금을 물게 될 수도 있다.

8 호주

- 호주에서는 손가락 V(브이)를 할 때 조심해야 한다. 손바닥을 바깥으로 해서 한 브이는 사진 찍을 때나 승리를 나타내는 victory의 의미로 쓰이지만, 손등을 바깥으로 한 브이는 호주에서 아주 심한 욕이다. 이유는 프랑스군이 영국군을 포로로 잡았을 때 궁수들이 활을 쏘지 못하게 두 번째와 세 번째 손가락을 잘랐는데, 이후 손등이 보이는 브이는 내 손은 아직 멀쩡하니 너를 죽일 수 있다는 의미로 해석된다. 호주는 영국의 연방국이었으므로 이 문화가 남아있다.

9 뉴질랜드

- 뉴질랜드에서는 원주민과의 의견대립 및 소수민족 간의 갈등이 있으므로 인종차별 문제에 관한 언급을 삼가는 것이 바람직하다.
- 공항에서 주의할 것은 밀수 및 마약 단속이 엄격하므로 타인의 짐 또는 소지품 따

위를 부탁받아 전수하는 것은 피할 수 있도록 한다.

- 운전 중에는 동물들이 갑자기 나타나는 수가 있으므로 지방 여행 시에는 항상 좌우 정면을 잘 살피고 음주운전, 과속운전에 대한 법규가 엄격하므로 주의해야 한다.
- 여행 중 낚시나 해산물(전복, 조개 및 각종 패류 등)을 채취할 기회가 있을 경우 자원보존청에서 정한 규정을 사전에 숙지한 현지인 또는 사정을 잘 아는 교민의 도움을 받아 규정된 어종별 수량을 초과하거나 크기 미달의 어류를 잡아 처벌되는 일이 없도록 주의해야 한다.

⑩ 피지

- 피지 사람들은 머리를 만지면 영혼이 빠져나간다는 믿음을 가지고 있으므로 피지 사람들의 머리를 만지는 것은 금기사항이다.
- 피지에서 원주민 마을이나 현지인을 방문할 때 모자를 쓰고 있는 것은 결례로 여겨지므로 반드시 모자를 벗어야 한다.

⑪ 인도

- 인도에서는 왼손으로 밥을 먹거나 물건을 받거나 남을 가리키면 안 된다. 왼손은 화장실에서만 사용한다.
- 길을 물을 때에 절대 한 사람에게만 묻지 말아야 한다. 몰라도 가르쳐주는 인도인들이 많기 때문이다. 적어도 다섯 번 정도는 물어봐야 한다.
- 힌두사회에서는 쇠고기나 쇠고기 통조림을 먹지 않도록 하며, 음주, 도박, 마약, 싸움 등을 부정 시 여긴다.
- 차량통행이 한국과 반대(좌측통행)이므로 길을 건널 시에는 차량통행에 주의한다.
- 인도의 성지를 관광하는 경우, 사원 입구에서 신발을 자주 벗어야 하므로 신고 벗기에 편한 샌들이나 단화가 편리하다.
- 인도에서는 찢어진 지폐가 사용되지 않을 뿐만 아니라 찢어졌던 흔적이 있는 돈의 통용이 되지 않기 때문에 주의하는 것이 좋다.

- 인도에서 묵을 곳을 찾을 경우 욕실과 화장실이 공동사용인지 여부를 확인하고 반드시 방을 미리 보고 나서 돈을 지불하도록 한다.

⑫ 라오스

- 라오스의 꺼족 마을에서는 여자 혹은 어린이의 사진을 함부로 찍으면 안된다. 사진을 찍으면 그 대상의 영혼이 빠져나간다고 믿기 때문이다.
- 라오스에서는 부족 여인을 만지면 안된다. 만약에 실수라도 꺼족 여인의 가슴이나 엉덩이에 손이 스친다면 결혼을 해야 할 만큼의 의미를 지닌다.

⑬ 사우디아라비아

- 이슬람 종교사원인 모스크 출입은 하지 않는다. 메카, 메디나는 이슬람교도 이외에는 입성이 불가하다.
- 라마단 기간의 낮 시간에는 이슬람교도 앞에서 음식을 먹거나 담배를 피워서는 안된다.
- 여성을 흘끔흘끔 보면 안된다. 사진도 찍지 말아야 한다.
- 왼손은 부정한 손이기 때문에 남에게 물건을 건넬 때 쓰지 않는다. 악수할 때도 주의해야 한다.
- 이스라엘 관련 제품은 들여올 수 없다. 짐을 쌀 때, 수하물, 이사화물 등에 절대로 넣지 않는다.
- 여성은 외출 시 아바야를 착용하고 혼자 걷지 않는다.
- 이슬람 국가이므로 휴일은 금요일이며 일주일은 토요일부터 시작된다.
- 회교국 특성상 현지인, 특히 현지 여성 앞에서 사진촬영을 할 때에는 반드시 동의를 구해야 하며, 정부청사 등 공공건물, 발전시설, 군부대 등 사진촬영이 제한된 곳이 많으므로 주의가 요망된다. 무단 촬영 시 경찰에 체포되는 경우도 있다.
- 종교행사는 이슬람력으로 행해지는데, 이슬람력은 태음력으로 1년이 354일로서 태양력과 1년에 11일 차이가 생기게 되어 이슬람력의 라마단 기간은 매년 11일씩 빨라진다.

- 라마단 기간 중 호텔을 포함한 모든 식당이 일몰 전까지는 문을 닫으며, 외국인도 낮에는 공공장소에서 흡연 등을 금지한다. 단 호텔 내 룸서비스는 가능하다.

⑭ 오만

- 오만에서는 공공장소에서의 흡연을 금해야 한다.
- 현지인에게 술이나 돼지고기 등을 권하는 것은 금해야 하고, 현지 여성을 대상으로 사진촬영도 금기되고 있다.

⑮ 파키스탄

- 파키스탄에서는 여성을 촬영하는 것은 피하는 것이 좋다. 여성은 남편 이외의 얼굴을 보지 않는 이슬람 계율이 현재까지 지켜지고 있기 때문이다. 특히 '브루카'라는 검정천을 두른 여성에게는 카메라를 향하지 않도록 각별히 주의해야 한다.
- 혼자서 여행하는 것은 피하는 것이 좋다. 특히 여성은 남성을 동반하여 여행하는 것이 좋다.
- 종교적 발언을 삼가 하는 것이 좋다.

2) 서양의 다양한 이문화

❶ 미국

- 미국에서는 택시 운전사 옆자리에 가급적 앉지 않는 것이 좋다. 옆자리는 운전사만의 공간이기 때문에 양해를 구하지 않고, 바로 운전자 옆자리에 앉는 것은 큰 실례가 된다.
- 미국에서 동성끼리 손을 잡거나, 팔짱을 끼거나 어깨동무를 하고 다닌다면 게이나 레즈비언 등의 동성애자로 오해받기 쉽다.

② 브라질

- 브라질에서는 함부로 엄지와 검지를 맞대는 OK 사인을 하면 안 된다. 사인의 모양이 신체의 특정부위로 해석되어 매우 심한 욕으로 받아들일 수 있다. 좋다는 의사 표현을 할 때에 엄지를 치켜들어 따봉이라고 말하면 된다.

③ 멕시코

- 멕시코에서는 데킬라 술병 안에 든 오동통한 애벌레를 바로 버리면 안 된다. 왜냐하면 술병 안에 있는 애벌레를 바로 버리면 불운이 찾아온다고 믿기 때문에 현지인은 서로 먹으려고 경쟁한다고 한다.
- 멕시코는 미국의 옆 나라라고 해서 섣불리 영어로 의사소통이 될 것으로 기해하면 안 된다. 'WATER', 'MILK'와 같은 기본적인 영어도 소통이 안되는 경우가 있다.

④ 아르헨티나

- 아르헨티나에서는 반드시 물을 사서 마셔야 한다. 남미의 중심을 이루는 안데스 산맥의 주성분이 석회암이기 때문에 수돗물이나 자연수를 장기 복용하면 결석이 생길 수도 있다. 반드시 'AQUA MINERAL'표시가 있는 물을 사서 마셔야 하며, 보통 탄산수는 파란색으로 표시되어 있다.

⑤ 우루과이

- 우루과이에서는 주문을 재촉하거나 뛰어다니지 않도록 한다. 대부분의 남미 사람들처럼 스페인 혈통의 우루과이 사람들은 행동과 사고가 매우 느리기 때문에 음식이 빨리 나오지 않거나 계산을 느리게 하는 경우가 대부분이다. 이들은 보통 식사시간은 2~3시간인 경우가 많다. 또한 특별한 일이 없이 뛰어다니지 말아야 한다. 왜냐하면 소매치기로 오해받을 수 있기 때문이다.

6 이탈리아

- 이탈리아는 소매치기 등이 많기 때문에 지갑과 여권 등의 귀중품 관리에 신경을 써야한다. 특히 사진을 찍어달라고 현지인들에게 카메라를 맡기는 경우 종종 카메라를 들고 그대로 도망쳐버리는 경우가 발생하기도 한다.
- 옷차림은 자유롭지만 바티칸 박물관 등 주요 관광지를 여행할 때 여성은 소매가 없는 옷이나 짧은 치마를 입지 말아야 하고, 남성은 반바지 차림을 삼가야 한다.

7 스페인

- 스페인에서는 시에스타(SIESTA)라고 하여 오후 1시부터 4시까지 낮잠을 자는 관습이 있다. 거의 모든 사람들이 상점이나 사무실의 업무를 중단하고 잠을 잔다. 관광지에서도 그 시간에는 문을 닫는 경우가 있으니 사전에 미리 알아보아야 한다.

8 이스라엘

- 이스라엘에서는 안식일을 철저하게 지키기 때문에 금요일 오후부터 토요일인 안식일 기간에는 버스운행도 없고 식당도 열지 않는다. 대부분의 상점들이 안식일에 문을 열지 않기 때문에 안식일 아침에는 호텔이나 기타 숙소 등에서 미리 저녁식사를 부탁해놓아야 한다.
- 모스크나 Temple Mount에 간다면 여자는 반드시 천으로 머리를 가려야 하고, 준비가 되지 않은 경우는 현지에서 대여하여 준비해야 한다. 남자는 긴 바지, 여자는 긴 치마를 입어야 하며 종교 복장을 하고 있는 사람들에게는 카메라를 들이대지 말고 전통 복장을 하고 있는 사람들을 촬영하고 싶을 경우 반드시 허락을 받도록 한다.

9 불가리아

- 불가리아에서는 머리를 끄덕이면 'NO', 가로저으면 'YES'라는 뜻이므로 주의해야 한다.

10 파라과이

- 파라과이에서는 여름에 낮이 길고 대단히 덥기 때문에 오후 1시에서 3시까지 낮잠을 잔다. 따라서 그 시간에 집을 방문하거나 전화를 하는 것은 결례가 되므로 피해야 한다.

11 페루

- 페루에서는 절대 옥수수를 남기거나 버리지 말아야 한다. 쌀을 주식으로 하는 우리나라에서 쌀 한 톨을 귀하게 여기듯이 옥수수가 주식인 페루에서는 옥수수를 매우 신성시하며 심지어 페루의 신은 옥수수 모양을 하고 있다. 따라서 페루에서는 절대 식탁에서 옥수수를 남기거나 흘리지 말아야 하며, 페루 속담에 '옥수수를 흘리고도 줍지 않으면 지옥에 간다'라는 말이 있을 정도라는 것을 기억해야 한다.

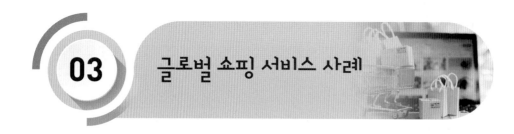

03 글로벌 쇼핑 서비스 사례

1 인도인 고객

한국 화장품을 사고 싶다며 한국인 친구 송중기씨와 함께 백화점의 한 매장을 방문한 인도인 간다라 씨는 화장품 매장 직원이 화장품의 효능을 설명하는 중, 고개를 좌우로 설레설레 흔들었다.

- 점 원 : (영어로) 이건 피부에 바르는 비타민 크림인데요, 노화 방지, 피부 미백에 좋습니다.

- 간다라 : (고개를 좌우로 흔들며) 음….
- 점 원 : (한국인 친구를 보며) 마음에 안 드시나 봅니다. 다른 상품을 권해드려 볼까요?
- 송중기 : (다가서며) 아~ 아니예요. 고개를 흔드는 건 거절의 의미가 아닙니다.
- 그때 마침, 간다라가 이야기 한다.
- 간다라 : 그래요, 그 제품이 좋겠네요.
- 점 원 : (습관처럼 눈을 찡긋 윙크하며) 아~ 마음에 안 드신다는 뜻인 줄 알았습니다.
- 송중기: 오, 윙크는 안돼요! 인도인들은 윙크를 모욕적으로 생각한답니다.
- 점 원 : (당황하며) 아, 그렇군요.

> **TIPS** 🖊 **인도인 고객 응대의 팁**
>
> 인도인들과 대화를 나누는데 고개를 좌우로 흔드는 것은 거절, 부정의 의미가 아니라 대화에 귀를 기울일 때 나오는 습관인 점을 기억해야 한다. 또한 초면에 윙크를 하는 행위는 국적과 상관없이 외국 관광객들에게 오해를 살 수 있는 행동임을 주의하여야 한다.

러시아에서 온 나탈리 씨가 한국인 친구 송혜교씨에게 러시아의 전통인형 마트료시카를 선물하자 이에 감동한 송혜교씨는 한국 전통소품을 선물로 답례하기 위해 나탈리 씨와 함께 서울 인사동을 찾았다.

- 송혜교 : 제가 이 친구에게 마트료시카를 선물 받았어요. 답례선물로 어떤 게 좋을까요?
- 점 원 : 하회탈 어떠세요? 외국 분들이 무척 좋아하세요.
- (나탈리 씨를 향해 엄지를 세우며) 한국을 대표하는 전통탈입니다~!
- 나탈리 : (불쾌해하며) 오~ NO~!
- 점 원 : 하회탈이 별로시면, 다른 걸 추천해 볼까요?
- 나탈리 : (손사래를 치며) 저는 동성애자가 아니라구요!
- 송혜교 : 아, 참! 러시아에서 엄지손가락을 치켜 올리면 '나는 동성애자입니다'라는 뜻이랍니다.

　세계 대부분의 나라에서 엄지를 치켜세우는 행동은 '최고'라는 의미로 쓰이지만 러시아에서는 '나는 동성애자입니다'라는 의사 표현이다.

　비슷한 사례로 OK나 돈의 표시로 사용하는 '링사인'이 남미쪽에서 매우 음탕한 욕을 뜻하기도 한다. 외국인 관광객을 응대하는 서비스직 종사자들은 꼭 알아두어야 한다.

③ 터키인 고객

　터키에서 손가락으로 다른 사람을 가리키는 것은 매우 무례한 행동이다. 쇼핑서비스를 하는 경우에 터키인에게 "당신에게는 저 옷이 어울리겠네요"라며 무심코 손가락으로 터키인 고객을 가리키지 않도록 주의해야 한다. 상대를 가리킬 일이 있다면 반드시 손가락 대신 손바닥을 펴서 이용해야 한다.

4 독일인 고객

독일인은 과도한 칭찬을 싫어한다. 통상적으로 우리들은 '칭찬은 고래도 춤추게 한다' 라고 생각하지만, 독일인들은 꾸미거나 과장하는 것을 싫어한다. 독일인 고객을 응대하여 쇼핑서비스를 할 때에 "정말 아름다우세요.", "마치 손님을 위해 미리 준비된 옷인 것 같네요."등의 칭찬은 독일인 고객의 입장에서는 매우 과하다고 생각되어 당황스럽게 느낄 수 있다는 점을 반드시 기억해야 한다.

⑤ 아랍권 고객

정말 아름다운 팔찌네요!

아랍권 관광객을 응대할 때에 이들이 지니고 있는 물건을 과하게 칭찬하면 안 된다. 아랍권에는 '환대 문화'가 있어 상대방의 소유물에 대해 지나치게 관심을 보이면 아랍인은 부담스러워한다. 특히 아랍인의 집을 방문했을 때 어떤 물건에 대해 거듭 칭찬하면 아랍인은 그 물건을 선물로 줘야할지 말지 갈등에 휩싸이니 물건에 대한 반복되는 칭찬은 삼가는 것이 좋다.

6 아르헨티나인 고객

　아르헨티나인 고객이 옷을 고를 때에 '파란색과 노란색'또는 '빨간색과 흰색'이 매칭 되어 있는 옷을 기피한다. 아르헨티나는 축구에 열광하는 나라인데, 이 두 가지 매칭이 되는 색상은 최대 축구 구단 2개를 상징하는 색깔이기 때문이다. 아르헨티나인 고객을 응대할 때에는 이 점을 기억하면서 대화를 나눈다면 화제가 훨씬 풍부해질 것이다.

⑦ 이탈리아인 고객

　　이탈리아인 고객이 쇼핑을 할 때에는 흥정하는 것을 쇼핑의 기본이라고 생각한다. 이탈리아어로 할인한다는 의미를 '스콘토(sconto)'라고 하는데, 이탈리아인들은 평소에 신선한 음식 재료를 매일 매일 필요한 양만큼만 구입하면서 장을 볼 때에 서로 가족의 근황 등 대화를 나누는 게 일상이다. 또한 구매자와 판매자 모두 흥정을 통해 물건 값이 얼마든지 조정될 수 있다는 사고방식을 가지고 있다. 서로 물건 가격을 흥정하는 방식으로 서로 간의 정을 나누는 민족이 이탈리아인이다.

　　따라서 이탈리아인이 가격을 흥정하려고 해도 당황하지 말고, 정중하게 쇼핑서비스를 진행해야 한다.

8 무슬림 고객

　　인도네시아 등의 무슬림 고객을 응대할 때에는 허리에 손을 올리는 것을 조심해야 한다. 우리 문화에서는 힘이 들거나 진이 빠질 때 종종 허리에 손을 얹고 있는 경우가 있지만, 무슬림들은 허리에 손을 얹는 행동을 무엇인가를 따질 준비가 되어있다거나 화가 났다는 의미로 뜻으로 받아들이기 때문이다.

무슬림에게 집게손가락은 알라신에 대한 맹세를 뜻한다. 따라서 알라신에 대한 맹세를 의미하는 집게손가락을 함부로 쓰지 않는 무슬림들은 사물이나 방향 등을 가리킬 때 집게손가락 대신 엄지손가락을 쓴다.

또한 왼손은 부정한 손으로 여기기 때문에 음식을 먹을 때나 선물을 주고받을 때에도 오른손만 사용한다.

무슬림 고객을 응대하는 경우, 고객에게 물건이나 방향을 가리킬 때 반드시 엄지손가락을 사용하고, 물건을 건넬 때에는 왼손을 사용하지 않고, 오른손을 사용해야 한다는 것을 기억해야 한다.

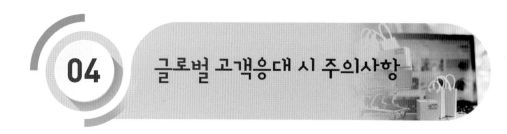

04 글로벌 고객응대 시 주의사항

1 국가별 엄지에 대한 오해

고객을 응대할 때에 "당신에게 꼭 맞는 제품이에요"라고 하면서 우리는 보통 엄지를 치켜세우곤 한다. 그러나 엄지손가락을 치켜세우는 행동은 나라마다, 문화권마다 전혀 다른 의미로 받아들일 수 있기 때문에 매우 조심해야 한다.

- 호주에서는 엄지를 치켜세우는 행동을 '거절, 무례함'의 의미로 받아들이는 것에 비해 그리스에서는 엄지를 치켜세우면 상대방을 모욕한다는 뜻으로 받아들인다.
- 독일인들은 엄지를 숫자 '1'의 의미로 여기고, 일본인들은 엄지를 숫자 '5'의 의미로 받아들인다.
- 러시아에서는 엄지를 치켜세우면 자신이 동성애자라는 의미이다.

② 어린이를 대할 때

　스페인은 유럽국가 중에서도 예절과 격식을 중요하게 생각하는 나라지만, 어린아이만큼은 언제 어디서나 환영을 받는다. 공공장소나 식당에서 아이들이 시끄럽게 뛰어다녀도 스페인 사람들은 눈살을 찌푸리지 않을 정도이다. 따라서 스페인 어린이들에게는 항상 상냥한 말씨로 호의를 표현하는 것이 좋다.

- 아이와 함께 쇼핑하러 나온 외국인 가족을 응대할 때, 아이가 아무리 귀여워도 함부로 만지면 안 된다. 어린이를 만져 보려면 반드시 부모의 허락을 얻는 것이 대부분의 외국인들에게는 기본적인 매너이다.
- 부모가 옆에 없는 어린이는 만져볼 생각을 아예 하지 않는 것이 좋다. 특히, 태국, 인도네시아, 말레이시아를 비롯한 무슬림 국가에서는 머리를 굉장히 신성하게 여기기 때문에 어린아이가 귀엽다고 머리를 쓰다듬는 것을 매우 불쾌하게 여기니 조심해야 한다.

③ 과도한 친절

　　외국인 고객이 편하게 구경하며 매장을 둘러보고 싶은데, 손님을 응대하기 위해 점원이 바짝 붙어 따라다니고 과도하게 제품을 추천 것은 오히려 부담을 줄 경우가 많다. 매장을 방문한 외국인 고객에게 반갑게 인사하고 도움이 필요한지 확인하고, 고객이 혼자 천천히 생각하고 판단해서 구매할 수 있도록 조금은 배려해 줄 수 있어야 한다.

🛍 그림 3-1_ 글로벌 고객응대 시 Tip

Tip.1		**<작은 배려, 큰 감동>** 쇼핑의 천국이라 불리는 명동, 남대문, 동대문 같은 곳은 한국인도 길을 찾기가 쉽지 않다. 처음 방문한 관광객을 배려하여 병원, 약국, 편의점 같은 편의시설과 현지인이 추천하는 맛집, 매장별 개성 아이템 등이 담긴 작은 약도를 준비해 보면 좋을 것이다. 작은 배려가 큰 감동을 낳게 될 것이다.
Tip.2	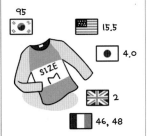	**<44? 55? 66? 뭘 사야 할까?>** 해외직구 시, 꼭 필요한 것이 국가별 의류 사이즈 표이다. 우리나라를 방문한 외국인 관광객들도 쇼핑할 때 꼭 필요한 것이기도 하다. 인터넷에 '국가별 사이즈'를 검색하여 소개하면, 관광객의 쇼핑도 돕고 매출에도 큰 도움이 될 것이다.
Tip.3		**<옷 사러 온 손님에게 반짇고리 세트를? >** 여행 중에 옷의 단추가 뜯어진다면? 옷에 문제가 생겨 급하게 옷을 사러 온 고객이 휴대용 반짇고리 세트를 사은품으로 받게 되면 무척 기억에 남을 것이다. 한국적 문양이나 작은 자수가 새겨진 반짇고리는 실용성은 물론, 한국에 대한 좋은 추억의 선물이 될 것이다.
Tip.4		**<당신의 얼굴이 대한민국의 얼굴입니다.>** 최일선에서 글로벌 고객을 반갑게 맞이하는 서비스인들! 비록 고객이 물건을 사지 않더라도 우리나라에 방문한 손님이니까 우리 가게에 없는 것을 찾거나 모르는 길을 묻더라도 굳은 표정으로 대하지 말아야 한다. 당신의 얼굴이 대한민국의 얼굴임을 기억하자.

Chapter

04

면세판매
프로세스

01 방문 고객 맞이하기

- 매장판매서비스 매뉴얼에 따라 매장 방문 고객에게 정중하게 인사한다.
- 매장판매서비스 매뉴얼에 따라 고객의 방문 목적을 파악한다.
- 예약관리대장에 따라 고객의 예약여부를 확인한다.
- 방문 목적에 따라 방문 고객을 담당자에게 안내할 수 있다.

1 매장 서비스 예절

1) 첫인상의 중요성

직원은 고객이 매장에서 처음으로 만나는 사람으로 직원의 이미지가 곧 매장과 브랜드 이미지로 직결될 수 있다.

직원의 첫인상이 어떤 식으로든 고객에게 인식이 되면 계속 강력한 영향력을 행사하기 때문에 이후의 관계형성 진행에 중요한 열쇠가 되기도 한다.

1 첫인상 구성 비율

'눈은 마음의 창'이라 하여 사람의 마음을 잘 읽을 수 있는 또 하나의 표정이며 첫인상을 결정짓는 중요한 요소이다.

밝은 표정은 고객에게 좋은 이미지를 심어주며, 스스로 가치를 높이는 서비스 정신의 표시이다.

그림 4-1_ **첫인상 결정 요소**

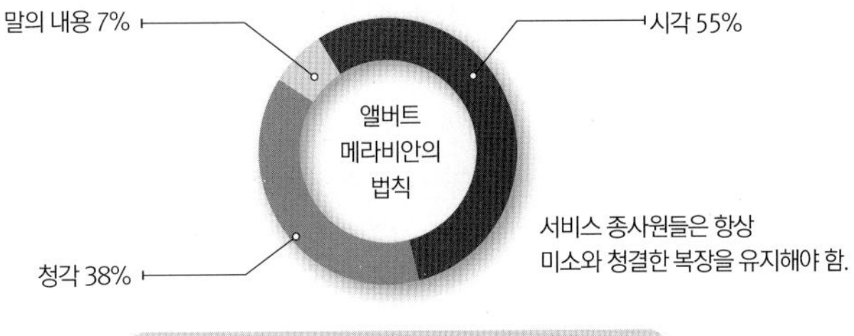

말의 내용 7%

시각 55%

앨버트
메라비안의
법칙

청각 38%

서비스 종사원들은 항상
미소와 청결한 복장을 유지해야 함.

좋은 인상은 좋은 표정에서 만들어진다!

2 고객응대 시 바람직한 표정

- 눈 맞춤 : 고객의 미간을 바라보며 시선을 맞춘다.
- 미소 : 입 꼬리를 살짝 올려서 밝은 표정을 만든다.
- 밝은 얼굴 : 고객을 맞이할 때는 밝은 얼굴로 먼저 인사한다.

예쁜 미소 만들기	• 거울을 보며 다양한 웃는 표정을 지어보고 그 중 가장 멋진 표정을 찾아낸다. • 항상 의식적으로 양볼 입꼬리를 살짝 올려 긍정적 마음이라는 표현의 메시지를 보낸다. • 눈과 입이 동시에 웃고 있는지 확인한다. • 가장 멋진 표정일 때의 느낌을 떠올리며 매일 연습한다.
상대방과 눈맞춤	• 상대방에게 관심을 갖고 있고, 상대방의 일에 귀를 기울이고 있다는 표현 방식이다.
상대방에 대한 시선과 방향맞추기	• 상대방을 향해 시선을 맞추고, 어깨의 높이를 최대한 비슷한 높이로 맞추면, 서비스인으로서 적극적인 마음가짐과 바른 자세를 표현할 수 있다.

❸ 고객 응대 시 주의해야 할 표정

- 아래로 내려뜨는 눈매
- 아래위로 훑어보는 듯한 눈매
- 서비스 제공자의 무표정
- 미간을 찌푸리는 표정

리 인사의 종류와 방법

인사는 사람 인(人)과 일 사(事)로 이루어진 단어로, 사람이 마땅히 섬기면서 할 일을 뜻한다. 인간관계의 첫걸음으로 인사는 가장 기본적인 예의이며 서비스맨의 인사는 고객에 대한 봉사 정신의 표현이다.

❶ 목례

인사 중 가장 가벼운 인사를 말한다. 눈으로 예의를 표시하며 허리를 약간 굽히거나 가볍게 머리를 숙이는 정도이다.

가볍게 머리를 숙이는 눈인사로 남자는 차려 자세로, 여자는 손을 모아서 하복부 쪽에 두고 밝은 표정으로 15°정도 굽힌다.

그림 4-2_ **목례 예시**

❷ 보통례

일상생활 중 어른이나 상사, 내방객을 맞을 때 하는 인사로 상대를 향하여 허리를 30°정도 굽혀주는 인사이다.

전통 인사법의 평절에 가까운 인사로 가장 기본이 되는 인사이다. 남자는 양손을 바지 재봉선에 대고 인사하며 여자는 공수

그림 4-3_ **보통례 예시**

자세로 인사한다.

일반적인 인사이므로 일상생활에서 가장 많이 한다.

❸ 정중례

그림 4-4_ **정중례 예시**

감사나 사죄의 마음을 전하는 경우에 45°정도 허리를 굽혀서 마음을 전하는 인사다. 가장 정중한 표현이므로 가벼운 표정이나 입을 벌리고 웃는 행동은 삼가는 것이 좋다.

3) 잘못된 인사

- 고개만 끄덕이는 인사
- 동작 없이 말로만 하는 인사
- 상대방을 쳐다보지 않고 하는 인사
- 형식적인 인사
- 계단 위에서 윗사람에게 하는 인사
- 뛰어가면서 하는 인사
- 무표정한 인사
- 인사말이 분명치 않고 어물어물하며 하는 인사
- 아무 말도 하지 않는 인사

② 고객 맞이

1) 용모 복장 예절

고객 맞이 시 용모 복장예절을 갖추어 매장에 긍정적인 이미지를 줄 수 있도록 한다.

표 4-1_ 여성 용모 복장

항목	내용
머리	• 잔머리가 나오지 않게 단정하고 청결하게 관리되어 있는지 확인한다. • 앞머리가 눈을 가리지 않도록 한다. • 눈에 띄는 머리 액세서리는 피한다. • 어깨를 넘는 길이의 머리는 단정하게 묶는다.
상의	• 주름이 생기지 않도록 다림질이 잘 되어 있는지 확인한다. • 먼지나 얼룩은 묻지 않았는지 확인한다. • 명찰패용은 잘 하고 있는지 확인한다.
하의	• 주름이 생기지 않도록 다림질이 잘 되어 있는지 확인한다. • 스커트가 너무 짧거나 단이 뜯어지지 않도록 한다. • 먼지나 얼룩이 묻지 않았는지 확인한다.
화장	• 립스틱 색깔은 너무 짙지 않도록 한다. • 화장이 번지거나 얼룩지지 않았는지 확인한다. • 향수를 지나치게 뿌리지 않는다.
손톱	• 손톱의 길이는 너무 길지 않도록 한다.(1mm이내) • 매니큐어가 화려하지 않은지 확인한다. • 손은 항상 청결하게 관리하도록 한다. • 화려한 디자인의 반지는 삼간다.
스타킹	• 무늬가 있는 스타킹은 신지 않는다. • 늘어나거나 올이 풀리지 않았는지 확인한다.(치마 유니폼에는 양말 착용 금지)
액세서리	• 눈에 띄는 액세서리는 착용하지 않도록 한다.(큰 귀걸이, 반지, 화려한 목걸이 등)
구두	• 깨끗이 손질되어 있는지 확인한다. • 색상, 모양은 적당한지 확인한다.(통굽, 끈 없는 샌들, 앵클부츠, 슬리퍼 착용 불가)

표 4-2_ **남성 용모 복장**

항목	내용
머리	• 머리 손질은 잘 되어있는지 확인한다. • 비듬이 보이거나 냄새가 나지 않는지 확인한다. • 앞머리나 구레나룻이 길지는 않게 한다. • 젤이나 왁스, 스프레이로 단정하게 손질한다.
얼굴	• 수염을 단정하게 깎는다.
상의	• 다림질이 잘 되어있는 상의를 입는다. • 먼지나 얼룩은 묻지 않았는지 확인한다. • 명찰패용은 잘 하고 있는 지 확인한다. • 정장의 경우 어울리는 셔츠를 갖춰 입는다. • 목둘레(손가락 2개 들어갈 정도)와 소매길이를 점검한다.
하의	• 다림질이 잘 되어있는 하의를 입는다. • 먼지나 얼룩이 묻지 않았는지 확인한다.
넥타이	• 넥타이는 벨트 버클 부분을 살짝 덮는 길이로 맨다. • 타이핀은 셔츠의 3~4번째 단추 사이에 위치하도록 한다. • 타이 매듭이 늘어져있거나 비틀어지지 않았는지 확인한다. • 색상이나 질감이 양복과 잘 어울리도록 한다.
손톱	• 손톱의 길이는 너무 길지 않게 한다.(1mm이내) • 손은 항상 청결하게 관리하도록 한다. • 화려한 디자인의 반지는 삼간다.
양말	• 색상이 화려하지 않는 양말을 신는다. • 양말이 청결한지 확인한다.
악세서리	• 눈에 띄는 액세서리는 착용하지 않도록 한다.(큰귀걸이, 반지, 화려한 목걸이 등)
구두	• 깨끗이 손질되어 있는지 확인한다. • 색상, 모양은 적당한지 확인한다.
전체이미지	• 전체적으로 깔끔하고 호감이 가는 이미지를 풍기도록 한다.

2) 대기 자세

- 남자 : 왼손이 위로 향하도록 두 손을 포개어 단전에 자연스럽게 위치시킨다.
- 여자 : 오른손이 위로 향하도록 두 손을 포개어 단전에 자연스럽게 위치시킨다.
- 발은 양쪽 발뒤꿈치를 붙인다.
- 바른 자세, 밝은 표정으로 고객이 들어오는 방향을 바라본다.
- 직원 간의 잡담, 짝다리를 하거나 기대어 서 있지 않도록 주의한다.

TIPS 판매 성공률을 높이는 첫 응대
- 밝은 표정은 상대에게 호감을 주고 상대의 마음을 열게 해 준다.
- 판매 응대 시작에서 가장 중요한 것은 환영하는 느낌을 전달하는 것이다.

3) 맞이 인사

고객에 대한 존경과 환영을 표현하는 정중한 인사는 고객만족과 감동을 유도하는 기본이다. 바른 자세와 밝은 표정으로 인사 할 수 있도록 매장의 특성에 맞게 한다.

❶ 고객에게 어프로우치(approach)하기 위한 찬스
- 고객과 시선이 마주치거나 두리번거릴 때 다가간다.
- 고객이 매장에 들어올 때, 자연스럽게 다가간다.
- 인사는 목례(15도)로 자연스럽게 한다.
- 구매는 좌뇌의 합리적인 판단과 우뇌의 감성적인 결정으로 이루어진다.

따라서 고객의 구매결정을 돕는 방법은 직원의 친절한 안내이다.

❷ 고객 맞이 인사

고객 맞이 용모 복장과 인사 매뉴얼을 바탕으로 현장에서 자연스럽고 정중하게 인사한다.

표 4-3_ 맞이 인사 매뉴얼

구분	응대예절
대기자세	• 남자 : 왼손이 위로 향하도록 두 손을 포개어 단전에 자연스럽게 위치시킨다. • 여자 : 오른손이 위로 향하도록 두 손을 포개어 단전에 자연스럽게 위치시킨다. • 발은 양쪽 발뒤꿈치를 붙인다.
표정	• 고객과 시선을 맞추며 자연스러운 미소를 짓는다.
맞이 인사	• 보통례로 인사 : 상체를 30° 정도 앞으로 기울여 인사한다. • 손은 대기자세와 같이 여성은 오른손, 남성은 왼손이 위로 향하도록 두 손을 포개어 단전에 자연스럽게 위치시킨다.
맞이 인사말	• "안녕하십니까? 어서 오십시오" • "안녕하십니까? 반갑습니다." • 밝고 상냥한 목소리로 인사한다.
대기인원수가 많은 경우 맞이 인사말	• 오래 기다린 고객에게 양해의 인사를 한다. • "고객님, 오래 기다리셨습니다." • "고객님, 기다려주셔서 고맙습니다."

02 고객 니즈 파악하기

- 매장판매서비스 매뉴얼에 따라 구매하고자 하는 상품을 파악한다.
- 매장판매서비스 매뉴얼에 따라 고객의 구매 예상가격대를 파악한다.
- 매장판매서비스 매뉴얼에 따라 고객의 기호를 파악한다.

마케팅(Marketing)

- 파악된 고객의 니즈에 따라 해당 상품 판매 가능 여부를 판별한다.

 고객 니즈 파악을 위한 고객 응대

1) 매장 고객응대 및 대화법

1 쿠션언어

쿠션은 외부충격을 흡수해 부드럽게 해 주는 역할을 한다. 이렇듯 쿠션언어는 대화할 때 상황을 부드럽게 만드는 말랑말랑한 언어이다.

상대방에게 부탁이나 거절을 할 때 내용을 부드럽게 전달 할 수 있도록 목적 앞에 붙이면 좋다.

'괜찮으시다면', '실례지만', '번거로우시겠지만', '죄송하지만', '바쁘시겠지만'등이 있으며 상대에 대한 세심한 배려와 존중이 느껴지기 때문에 듣는 사람에게 존중받는 느낌을 줄 수 있다.

❷ Yes, But화법

상대의 말이나 의견에 먼저 동의 (Yes) 한 후 (But) 자신의 의견을 전달하는 화법이다.

예를 들면 "네~ 공감이 가는 부분이 있네요. / 네~ 그럴 수 있습니다. / 네~ 그럴 수도 있겠군요."처럼 상대방의 의견에 적절한 동의 및 인정의 표현을 한 후 자신의 의견을 이야기하는 것이다. Yes, But화법을 사용하면 상대의 의견을 무조건 부정하지 않고 자신의 의견을 부드럽게 전달 할 수 있게 된다.

❸ 맞장구

누군가와 말을 할 때는 상대가 나의 말을 잘 듣고 있는지, 아닌지를 항시 확인하게 된다. 상대가 나의 의미를 파악하고 있는지, 혹은 관심 없어 하는지 알아야 다음 말을 진행할 수 있기 때문이다.

의사소통을 원하는 대화에서 사소한 이야기에 대한 기억과 배려는 상대에게 관심이 있음을 직접 보여주는 행동이고, 그런 보여주는 행위가 있어야 상대는 관심을 알아챌 수 있다.

관심은 꼭 기억해서 다음에 이야기해주는 것에만 국한되지 않는다. 이야기를 듣는 동안 바로 전에 했던 말에 맞장구를 치는 것도 해당된다. 상대가 했던 말을 되새기는 효과와 함께 경청하고 있음을 보여주는 것이다.

A. 공감의 맞장구
- 아~ , 오~
- 재미있네요~
- 고생하셨네요~
- 아~알 것 같아요~

- 정말 그랬겠네요~
- 얼마나 힘드셨어요~
- 말씀 이해됩니다.

B. 동의의 맞장구

- 맞아요!
- 정말이에요.
- 그렇지요.
- 옳으신 말씀입니다.

C. 흥을 돋우는 맞장구

- 그래서요?
- 그리고요?
- 그 다음에는 어떻게 됐어요?

D. 정리하는 맞장구

- 그 말씀은 이러이러한 말씀이군요?
- 그러니까 이러저러하게 된 거군요?
- 이러저러한 게 요점이시지요?
- 그러저러한 점이 포인트군요?

❹ 복창(반복 확인)

고객에게 좀 더 친절하고 신속, 정확한 업무를 제공함과 동시에 업무의 효율성을 증대시키기 위한 일련의 과정이다. 업무 처리 단계에서 가장 중요한 사항은 고객과의 업무 과정에서 발생할 수 있는 여러 가지 문제 상황을 사전에 방지하고, 부득이하게 발생한 문제에 관해서는 양해를 구함으로써 고객의 만족도를 향상시키기 위함이다.

A. 복창 확인 멘트

- - 네~ + 용건 내용 + 말씀이십니까?
   (호응)   (용건)   (청유형)

B. 복창 시 주의 사항

- 고객의 애기를 잘 경청하며 요약, 정리하여 듣는다.
- 고객과 눈 맞춤을 하면서 친근감 있게 "네~"라고 하며 미소 지으며 답변한다.
- 자신의 상체를 앞으로 10cm정도 고객 쪽으로 향하게 하면서 확인 멘트를 한다.

5 주의해야 할 대화법

- **부정의 말** : "안됩니다.", "안돼요.", "모르겠는데요."
- **핑계의 말** : "그건 제 담당이 아니에요.", "지금 바빠서요."
- **무례한 말** : "뭐라구요?", "어떻게 오셨어요?", "어쩌라는거죠?"
- **냉정한 말** : "업무시간 끝났습니다.", "그건 고객님 사정이죠."
- **따지는 말** : "그건 고객님 책임이지요.", "저희 책임이 아닙니다."
- **권위적인 말** : "규정이 그렇게 되어 있습니다."
- **무시하는 말** : "그건 아니죠", "고객님이 잘 몰라서 그런 거 같은데요~"

리 고객 안내 예절

1 방향 안내

- 손바닥을 위로향하고 손가락을 붙이고 안내를 하며 오른쪽 방향을 가리키는 경우에는 오른손으로, 왼쪽 방향을 가리키는 경우는 왼손을 사용한다.
- 반대편 손의 위치는 아랫배 즈음에 놓는다.
- 위치를 가리키거나 고객의 애기를 들을 때에는 상체를 살짝 숙인다.
- 가리키는 손은 상체의 높이 범위 내에서 움직인다.

2 동행안내

- 고객의 1 ~ 2보 앞에 서서 안내할 방향 쪽을 따라 안내한다.
- 고객이 잘 따라 오는지 수시로 확인 하며 안내 한다.

3 계단 안내

- 계단을 오르거나 내려가기 전에 고객이 당황하지 않도록 안내 '층'을 미리 안내한다.
- 계단을 오르내릴 때에는 고객이 손잡이를 잡고 걸을 수 있도록 한다.
- 계단을 내려갈 때에는 앞에서, 올라갈 때에는 뒤에서 안내하도록 하되 여성고객이 치마를 입고 있어 불편할 경우에는 앞에서 안내 할 수 있도록 한다.

4 엘리베이터 이용 시

- 안내자가 없을 경우에는 탈 때 직원이 먼저 타 엘리베이터 앞에서 조작하며, 내릴 때는 고객이 먼저 내릴 수 있도록 한다.
- 안내자가 있을 경우: 탈 때도 내릴 때도 고객이 먼저 내리도록 한다.

5 소개매너 (*고객과 상사를 소개할 때)

- 고객에게 상사를 먼저 소개한다. : 저희 매장 OOO매니저입니다.
- 상사에게 다시 고객을 소개한다. : OOO 고객님입니다.
- 고객에게 좌석에 앉을 것을 권유한다.

3) 고객 니즈 파악을 위한 고객 응대 시 주의사항

표 4-4_ 고객 니즈 파악을 위한 고객 응대 시 주의 점

구분	응대예절
보디랭귀지를 적절히 사용하였는가	• 안내 시 방향을 가리킬 때에는 손가락을 삼가고 손바닥을 보이며 정중히 안내한다. • 상품을 손가락으로 가리키지 않는다. • 시선은 늘 고객을 향해 있도록 한다. • 고객과 대화 시 밝은 표정과 목소리를 유지한다. • 고객과 대화할 때 상황에 맞는 작은 제스처를 적절히 사용한다.
정중한 응대를 하였는가	• 기본적인 인사와 함께 고객에게 관심을 갖는 질문을 시도한다. • "네 그러셨군요. 맞습니다."등 적절한 호응을 통한 공감 대화법을 활용한다. • 고객이 구매와 상관없는 질문을 해도 공손하고 적극적인 태도로 응대한다. • 쿠션화법을 활용하여 공손한 언행을 유지한다. • 고객의 말을 끊지 않고 끝까지 고개를 끄덕이며 경청한다.
방문 목적 분석을 위해 적절한 질문을 하였는가	• 고객의 필요에 맞는 질문으로 적절히 관심을 유도하기 위해 노력한다. • 고객에게 SPIN질문기법을 통해 필요를 분석한다.

② 고객 구매 여부 예측

1) 상품의 판매 가능 여부 판별

❶ 고객의 정보처리 능력 확인

A. 현실적 상황과 이상적 상황의 차이를 확인해준다.

고객들은 다양한 니즈를 가지고 있다. 이러한 니즈는 크게 두 가지로 나뉜다. 늘리고 싶은 어떤 것과 줄이고 싶은 어떤 것이 바로 그것이다. 고객의 구매 시기를 파악하기 위

해서는 고객의 니즈를 발견하기 위한 여러 가지 질문 중에 어떤 것을 증가시키기를 원하고 어떤 것을 감소시키기를 원하는지 파악해야 한다.

이렇게 증가시키고 싶은 것과 줄이고 싶은 것에 대한 것이 명확해지면, 고객 스스로 현실적인 상황과 이상적인 상황의 차이를 명확히 인지하여 합리적인 구매를 할 것으로 기대하지만 그렇지 않다.

대부분 많은 고객들은 현실적인 상황보다는 이상적인 상황에 기대어 구매의사결정을 못하게 된다. 이때 현실적인 상황과 이상적인 상황의 차이를 고객 스스로 인지하게 하고 그 차이를 줄일 수 있도록 도와주는 것이 판매서비스원이 해야 할 일인 것이다.

TIPS ✏ **구매결정 못하는 주된 원인 제거**

고객이 구매의사를 확실히 결정하지 못하는 가장 일반적인 요인

- 제품에 대한 정보가 부족한 경우
- 신제품인 경우
- 고가격인 경우
- 구매가 소비자에게 매우 중요한 경우
- 이전 사용 경험이 적을 때
- 기술적으로 복잡한 제품인 경우
- 상표를 평가하는 자신감이 부족한 경우

---

❷ 상품의 재고 파악과 타협

A. 재고 관리 대장 내 물품 확인

파악된 고객의 니즈에 부합하는 제품을 찾기 위해 재고 관리 대장 내의 재고량을 파악한다.

일반적으로 매장 내에서 사용 중인 전산 프로그램 혹은 입고증과 출고증 상의 재고량을 파악하여 고객의 니즈에 가장 부합하는 제품을 선별하여 제안한다.

B. 비교할 수 있는 다른 대안 제시

재고 관리 대장에서 파악한 제품 중 고객의 니즈에 가장 부합하다고 여겨지는 제품을 제안했음에도 불구하고 고객이 의사결정을 하지 못한다면 다음 두 그룹 중 어디에 해당되는지 파악해야 한다.

첫째, 너무 기능이 떨어지는 제품을 구입하는 것은 아닌지 고민하는 고객과 둘째, 너무 비싼 제품을 구입하는 것은 아닌지 고민하는 고객이다.

고객이 구매의사결정을 하기 어려워 할 경우 해당 제품 이상의 고가 제품을 비교, 제품으로 보여 줌으로써 본인이 선택이 합리적인 의사결정이 될 수 있음을 인지시켜주는 방식이다.

저렴한 제품을 구입하려고 하는데 너무 싼 것이 아닌지 고민하는 고객에게는 보다 저렴한 기본형 제품을 타협안으로 제시하여 본인의 선택이 합리적 구매임으로 알려주는 방법이다.

C. 선택의 범위 감소

물건을 선택할 때 너무 다양한 종류를 제시하면 뇌가 피로를 느끼게 되어 오히려 선택을 방해한다는 것이다.

고객이 구매를 할 것인지를 예측하기 위해서는 고객이 현재 고민하고 있는 제품의 수가 몇 가지인지를 파악할 필요가 있다.

고객이 원하는 조건에 대해 몇 가지 질문을 던져서 추천 가능한 제품을 파악한 후 추천함으로써 고객 선택의 폭을 좁혀 주어야 한다.

아울러 재고 관리 대장의 재고 현황을 파악하여 고객에게 마지막 구매를 유도할 수 있는 질문을 해주어야 한다.

2) 고객의 구매 가능 여부를 위한 SPIN 질문기법

1 상황(Situation) 질문

• "안녕하세요. 고객님 특별히 찾고 있는 제품이 있으신가요?"

2 문제(Problem) 질문

"고객님, 머릿결에 윤기를 더해주는 기능형 샴푸와 탈모를 막아주는 기능 등이 있는 샴푸 그리고 향기를 더해주는 샴푸 등이 있는데 어떤 부분이 가장 고민이 되시나요?"

③ 시사(Implication) **질문**

"고객님 최근 대기오염이 워낙 심해져서 머리숱이 많이 빠지고 푸석거리는 일이 많이 생기지요. 미용실에서 머리에 영양 한 번 하려면 2,3만원씩 합니다. 미용실에서 영양 한 번 하고 와도 샴푸할 때 꾸준히 매일 관리하지 않으면 그 효과가 나지 않겠지요?"

④ 필요충족(Needs-Payoff) **질문**

"고객님 하루에 한번 혹은 이틀에 한번 샴푸를 하면서 꾸준히 탈모샴푸를 사용하면 바로 효과를 느끼지는 못하지만 2~3개월 꾸준히 사용하면 그 차이를 느끼실 겁니다."

 구매 유형 파악하기

1) 실용적 구매와 쾌락적 구매

❶ 실용적 구매

실용적 구매는 필요한 물품을 구하기 위해 행하는 단순한 구매과정으로 제품 자체의 기능과 구매 성과를 중시하는 경향이 있다. 실용적 구매는 필요한 물품을 구매하는 것이 목적이기 때문에 단순한 과정으로 생각한다.

❷ 쾌락적 구매

쾌락적 구매는, 구매 과정 자체를 통해 즐거움을 느끼는 것으로 쾌락적 구매자에게 구매는 즐거운 사회적 경험과 타인과의 사회적 상호 작용을 즐기는 과정이다.

쾌락적 구매의 목적은 제품 소비를 통해 느낄 수 있는 기분과 감정 체험이다. 유명 디자이너의 제품, 액세서리 등 향락적 소비를 즐기며 그 과정에서 재미와 즐거움을 지향한

다. 따라서 쾌락적 가치를 추구하는 고객에게는 프리미엄 가격을 제시하고 다양한 촉진
활동을 제공할 수 있다.

ㄹ) 계획되지 않은 충동구매

- 충동구매는 비계획 구매자를 대상으로, 광고나 점내 전시가 구매를 자극하여 충
  동적으로 발생되는 즉흥적인 구매 행동을 말한다. 이런 충동구매를 유발하기 위해
  충동품목(impulse item)인 껌이나 사탕 등을 계산대 근처에 배치하거나 소비자의 눈에
  잘 띄는 곳에 이윤이 높은 제품을 진열한다.
- 계획되지 않은 구매 상황에서는 고객의 구매 의사결정이 신속하게 이루어지도록
  지원하는 것이 가장 중요하며 이를 위해 소비자의 주의와 관심을 집중시킬 수 있는
  구매 시점 전시와 같은 촉진 수단의 활용이 필요하다.
- 충동구매 특징
  - 충동구매는 갑작스러운 욕구(자연적으로 생기거나 의도적으로 유발된)에 의해 생기며 즉각적
    인 구매 행동으로 긴장상태를 해결한다.
  - 충동구매는 일시적으로 평정심을 잃은 심리적 불균형 상태에서 일어난다.
  - 상품 탐색과정에서 감정적 고려에 치우쳐 목표에 대한 최소한의 평가만이 이루어
    지고 구매 결과에 대한 판단도 결여되기 쉽다.
  - 감정이 지배적이고 탐색과 판단이 최소한으로 이루어져 의사 결정이 빠르게 이루
    어진다.

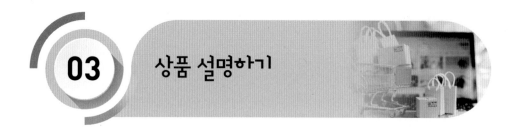

03 상품 설명하기

- 매장판매서비스 매뉴얼에 따라 파악된 고객의 니즈에 따른 상품을 제시한다.
- 매장판매서비스 매뉴얼에 따라 제시된 상품에 따른 해당 상품의 특성을 설명한다.
- 매장판매서비스 매뉴얼에 따라 제시된 상품에 따른 해당 상품의 판매가격을 제시한다.
- 매장판매서비스 매뉴얼에 따라 제시된 상품에 따른 해당 상품의 사용방법을 설명한다.
- 매장판매서비스 매뉴얼에 따라 제시된 상품에 따른 해당 상품의 기타사항을 설명한다.
- 경쟁 또는 타 상품 비교분석 자료에 따라 제시한 상품의 장점을 설명할 수 있다.
- 제시된 상품이 고객의 니즈를 충족하지 못할 경우 대체 상품을 제시할 수 있다.

 1 고객의 구매 욕구

1) 소비자의 욕구와 구매 동기

사람의 욕구는 소비 행동을 유발시키는 직접적인 동기이다. 사람이 어떤 욕구를 느끼면 내적인 긴장상태가 되고, 이 긴장상태를 풀기 위해서 여러 가지 행동을 하게 된다. 즉,

욕구를 인식하는 것이 긴장 해소를 위한 행동의 '동기'가 된다.

그림 4-5_ **욕구 인식과 해결 과정에서 소비자의 행동**

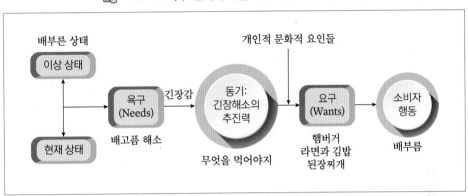

사람들은 실제의 상태와 바람직한 상태의 차이를 인식하면 이 차이를 없애기 위해 욕구가 생기고, 이 욕구로 인한 긴장상태를 해소하기 위하여 소비자 행동을 하게 된다.

이러한 인간의 다양한 욕구는 사람 내부에서 발생하기도 하지만 다양한 외부 자극에 의해서도 만들어진다. 소비자 행동에 영향을 미치는 다양한 외부 자극에는 광고, 이벤트, 세일, 쇼윈도 전시, 유행, 주변 사람, 또는 매장판매서비스원의 권유 등이 있다.

자극의 방법은 크게 두 가지로 나눌 수 있다.

하나는 실제 상황을 깨닫게 해서 현재의 상태를 변화시키는 방법, 다른 하나는 바람직한 상태의 기준을 높여 이상적인 상태를 변화시키는 방법이다.

리) 매슬로우의 욕구계층 이론

매슬로우(Abraham Maslow)는 인간의 욕구는 가장 낮은 단계부터 가장 높은 단계에 이르는 계층을 형성하고 있다는 '욕구계층이론'을 주장하였다.

매슬로우에 따르면 모든 사람은 5가지의 욕구를 가지고 있는데 이 욕구는 낮은 것부터 높은 것까지 순서가 정해졌는데, 어떤 한 욕구가 충족되면 그 욕구는 더 이상 동기를 유발하지 못하고, 상위의 욕구로 발전한다는 것이다.

그림 4-6_ **매슬로우의 욕구 계층의 구성**

자아실현의 욕구

존경 욕구

사회성 욕구

안전 욕구

생리적 욕구

1 1단계 - 생리적 욕구

생리적 욕구는 인간의 생존에 필요한 신체적인 욕구로, 충족되지 못하면 인간의 신체가 정상적으로 작동하지 못한다.

공기, 물, 음식은 인간을 포함한 모든 동물이 살아가는데 필수적이다. 옷과 집은 외부로부터 보호 기능을 하고, 성적 본능과 경쟁은 종족의 번식을 위해 필요한 욕구이다.

인간에게 이런 욕구가 나타나는 경우는 매우 극한 상황에 처해 있는 경우이며, 대부분의 경우 이런 욕구를 억제하도록 교육받는다.

2 2단계 - 안전 욕구

1단계의 생리적 욕구가 일정 수준에 도달하면 안전욕구가 나타나 행동을 지배하게 된다.

신체적인 안전, 경제적인 안정, 건강과 행복, 사고와 질병의 예방과 대응 수단이 안전 욕구에 해당된다. 이 욕구가 충족되지 못하면 불안감과 스트레스 등 트라우마가 되기도 한다.

❸ 3단계 - 사회성 욕구

생리적 욕구, 안전 욕구가 충족되면 사랑과 소속감의 욕구인 사회성 욕구가 나타난다.

매슬로우는 이 단계의 욕구가 충족되지 못하면 우정, 친밀한 관계, 가족과 같이 감정적으로 의미 있는 관계를 만들거나 유지하는 등의 능력에 영향을 준다고 주장하였다.

매슬로우는 사람은 집단의 크기와 관계없이 사회적 집단에 소속되고 받아들여지는 감정이 필요하며, 사랑하고 사랑받고 싶은 욕구가 나타난다고 주장하였다.

❹ 4단계 - 존경 욕구

존경의 욕구는 다른 사람으로부터 가치 있는 존재로 인정받거나, 존경받고자 하는 욕구이다. 존중의 단계는 낮은 단계와 높은 단계가 있다.

낮은 단계의 존중 욕구는 다른 사람으로부터의 존경, 지위에 대한 갈망, 명성, 이권, 주목 등이다. 높은 단계의 존중은 자기 존중감, 자기 신뢰감, 자립성 등을 통해 얻을 수 있으며, 타인의 평가보다는 자기 자신의 평가를 중시한다. 이런 욕구가 방해받으면, 열등감이나 무력감 등에 빠지기 쉽다.

❺ 5단계 - 자아실현의 욕구

앞의 4가지의 욕구를 모두 충족해도 자신에게 적합한 행동을 하지 않는다면 다시 불만이 생기고 이로 인한 긴장상태가 된다.

자아실현의 욕구는 자신이 가진 능력이나 가능성을 최대한 발휘해서 자신이 될 수 있다고 생각하는 것을 이루려는 욕구이다. 모든 행동의 동기가 자아실현 욕구로 귀결된다고 할 수 있다.

3) 구매 의사 결정

기존 연구에 따르면 특정 상표 구매와 관련한 구매 의사 결정의 약 70%가 점포 내에서 이루어진다고 한다. 즉 점포 내의 구매 시점 전시, 가격 촉진, 점포 내 진열, 선반의 위치, 재고 유무 및 판매서비스원의 행동 등이 점포 내 구매에 큰 영향을 미친다는 증거이다.

1 구매 시점 자극

구매 시점 자극은 점포에서 소비자가 구매를 하고자 하는 시기에 상품의 특성과 구매 이점을 설명하고 제안하는 광고 행위이다.

소비자가 점포 내에 있는 동안 많은 의사 결정이 일어나기 때문에 소비자에게 얼마나 효율적으로 더 많은 정보를 제공하느냐에 따라 구매가 결정된다.

진열은 가장 널리 사용되는 구매 시점 자극으로 진열에 따라 약 10 %의 충동구매가 발생한다고 한다.

진열 이외에도 카트 광고, 선반 광고, 바닥 그래픽 등의 다양한 광고 판촉물 이용 시 소비자의 정보처리과정을 단순화하여 높은 점포 만족도를 가져올 수 있다.

2 판매서비스원의 역할

판매서비스원은 매장 내에서 고객의 구매 활동을 가장 직접적으로 촉진하는 요소 중 하나이다.

판매서비스원은 고객에게 제품에 대한 전문적인 지식을 제공하여 고객의 의사결정을 쉽게 할 수 있는데, 판매서비스원의 전문성, 외모 등이 매력적일수록 소비자의 구매 의사 결정에 큰 영향을 미치게 된다.

판매자와 구매자 간의 장기적인 인간적 상호 작용을 강조하는 전략을 관계 마케팅(Relationship Marketing)이라고 한다. 이를 위해서는 상호 신뢰와 믿을 만한 조언 관계를 유지해야 한다.

② 고객의 구매 심리 단계별 서비스

판매서비스는 고객 접점에서 제공되는 직접적인 서비스로 매장의 종사원은 고객으로부터 입수한 각종 정보를 활용하면서 다음과 같이 고객에게 즐거움과 감동을 주는 친절한 커뮤니케이션을 할 수 있어야 한다.

- 구애받지 않고 자유롭게 쇼핑할 수 있게 한다.
- 친절한 종사원으로부터 적절한 어드바이스를 받을 수 있게 한다.
- 구매심리의 주목, 흥미의 단계에서는 자유롭게 구애받지 않고 상품을 볼 수 있도록 하고 욕망, 비교 검토의 단계에서는 타이밍을 맞추어 접근하여 적절한 어드바이스를 함으로써 고객이 기분 좋고 자연스럽게 구매할 수 있도록 한다.
- 고객이 기분 좋게 쇼핑할 수 있도록 하기 위해서는 구매심리 8단계에 대응해서 접객 판매를 추진하는 것이 효과적일 경우가 있다.

📋 표 4-5_ 구매심리 8단계별 접객 판매기법

구매심리 8단계	고객의 심리 사항 사례
1단계 주목(Attention) 단계	☞ 저기 걸려 있는 넥타이가 멋있네. • 고객이 매장 앞이나 매장 내에서 진열된 상품을 응시한다. 여기에서부터 쇼핑이 시작된다.
2단계 흥미(Interest) 단계	☞ 이 넥타이는 색상과 질감이 정말 괜찮은데.. • 상품을 응시하던 사람들 중에는 그대로 지나치는 사람도 있지만 몇 사람은 재미있다든지, 디자인이 좋다든지, 가격이 비싸든지 등 상품에 대한 관심을 가지고 상품을 보다 자세하게 살펴본다.
3단계 연상(Association) 단계	☞ 이 넥타이를 지금 입고 있는 양복과 맞추면 이번 미팅에 적격이겠군. • 상품에 흥미를 가지고 바라보던 중에 그 상품을 사용했을 때의 자신의 모습이나 가족 등의 모습을 연상하게 된다. 이 단계에서 고객의 연상이 강할수록 구매 가능성이 높아진다.
4단계 욕망(Desire) 단계	☞ 나한테는 이런 색상이 없는데 갖고 싶다. • 고객의 연상이 지속될수록 구매하고 싶은 욕망이 커지게 마련이다. 욕망이 커질수록 최고의 상품을 선택하고 싶어 한다. 이때부터 비교 검토의 단계로 접어들게 된다.
5단계 비교검토(Comparison) 단계	☞ 그러나 잠깐 이것 말고 또 다른 건 없을까? 또 다른 곳은 어떨까? 아니 다른 브랜드는? • 단순하게 상품만을 견주어 보는 과정이 아니라 지금 사용하는 상품과, 또는 친구가 가지고 있는 상품과, 또는 다른 매장에서 본 물건과 비교 검토하게 된다. 이 단계에서 종사원의 리드가 충분할 경우에는 흔들리지 않고 구매를 결정하게 된다. 즉, 비교 검토의 단계에서 종사원의 역할은 매우 중요하다.
6단계 확신(Confidence) 단계	☞ 그래 결정 했어. 가격도 적절하고 색상도 좋고? 나에겐 잘 어울려 이것으로 결정 했어. • 니즈에 만족할 만하다고 확신하기 시작하면 선택한 상품을 결정하고 구매행동으로 옮기게 된다. 이 단계에서의 확신은 종사원에 대한 확신, 제조기업에 대한 확신 그리고 상품 자체에 대한 확신이 모두 포함된다.
7단계 행동(Action) 단계	☞ 이것으로 주세요. • 구체적인 구매의사 표시를 하는 것을 말한다.
8단계 만족(Satisfaction) 단계	☞ 사길 참 잘했다. (만족감) • 고객이 상품대금을 지불함으로써 판매가 종결되는 것은 아니다. 상품의 포장과 거스름돈의 지불 등을 통해 만족감은 최고에 이른다. 또한 상품을 사용하고 효용가치에 만족을 할 때 비로소 만족의 기쁨을 누린다.

3 상품 설명 서비스

l) 판매 성공률을 높이는 상품제시 방법

- 고객의 구매 욕구를 높이기 위하여 프로모션 행사내용을 안내한다.
- 상품 제시는 인사 후 서두르지 말고 고객의 반응에 맞춰 응대한다.
- 관련된 할인 조건을 추가 설명하여 고객의 관심을 유도한다.
- 연결판매는 이미 구매한 제품과 연결시켜 고객의 감춰진 욕구까지 만족 시킬 수 있다는 장점이 있으며 매출 향상도 기대할 수 있다.
- 고객이 찾는 상품이 없을 경우 대체 상품을 추천하도록 한다.
- 다른 상품과 비교하며 장점을 자세하게 설명한다.

표 4-6_ 상품제시, 상품설명 서비스평가표

구분	점검항목	○	×
상품 제시	1. 상품을 소중하게 다루는가?		
	2. 상품제시와 안내 시 손동작이 정중한가?		
상품 설명	3. 고객의 구매동기를 경청하여 상품설명에 반영하는가?		
	4. 고객의 기호 또는 구매스타일을 파악하는가?		
	5. 상품의 장점을 충분히 알고 권하는가?		
	6. 고객의 의견에 맞장구 또는 동의를 자주 표현하는가?		
	7. 상품에 대한 고객의 반대의견을 끝까지 잘 들어주는가?		
	8. 구매결정을 재촉하지 않고 고객의 결정을 효과적으로 돕는가?		
	9. 고객이 원하는 상품이 없을 때 대안을 제시하는가?		
	10. 상품의 가격만을 강조하느라 상품의 격을 떨어뜨리는 일은 없는가?		
	11. 타 제품을 비방하는 표현을 자제하는가?		
	12. 상품설명이 성의가 있다고 스스로 평가하는가?		

리 상품 위치 안내 서비스

- 친절하고 정확하게 상품의 위치를 소개한다.
- 고객의 선호품목을 전혀 모를 경우, 층별 안내, 대략적인 품목별 위치 등을 간단하게 소개한다.
- 응대 멘트 예시
  - "찾으시는 물건이 있으십니까? 1층에는 OO, 2층에는 OO이 있습니다. 천천히 둘러보시고 필요한 것이 있으면 언제든지 불러주세요."

04 판매 확정하기

- 매장판매서비스 매뉴얼에 따라 상품 판매 확정에 따른 고객의 부가 혜택을 설명한다.
- 매장판매서비스 매뉴얼에 따라 상품에 대한 고객의 구매확정 의사를 확인한다.
- 판매 확정에 따라 상품의 가격에 대한 고객 인지여부를 재확인한다.
- 판매 확정에 따라 상품의 특성과 사용방법에 대한 고객 인지여부를 재확인한다.

① 고객 심리를 이용한 판매 확정

I) 한정 상품을 효과적으로 사용

'지금 할인 혜택을 주고 있는 제품이다.' '한정판매 제품이다.'등 기간의 한정, 판매 수량의 제한 방법 등을 활용한다.

2) 판매 확정에 따른 부가혜택 서비스 설명

고객이 판매를 확정하면, 사은품 증정 및 회원포인트 적립 등의 부가혜택 서비스를 설명함으로써 구입에 대한 심리적 만족도를 높인다.

3) 상품에 대한 고객 구매확정 의사 확인

고객이 구매하기로 결정한 상품과 가격에 대해 만족하고, 구매 의사를 최종 확정할 수 있도록 한다.

이 단계에서 서비스가 소홀한 경우, 최종 구매를 다 한 경우에도 고객은 자신이 구입한 제품에 대한 확신을 갖지 못하고 갈등을 하게 되고, 환불 등의 구매 번복 행동을 하게 되는 경우가 발생된다.

따라서 고객이 자신이 구매하기로 결정한 상품의 특징과 사용방법 등에 대해 충분히 설명하고, 구매확정에 대해 만족할 수 있도록 서비스한다.

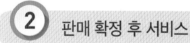 판매 확정 후 서비스

1) 결제와 포장서비스

1 결제 단계에서 고객의 신뢰감을 높이는 행동

- 가격이 맞는지 다시 한 번 확인한다.
- 구매 시 혜택(포인트, 할인카드, 무이자 혜택 등)을 한 번 더 확인한다.
- 결제 방법, 지불 수단, 기간 등 결제와 관련한 사항을 한 번 더 확인한다.

❷ 결제서비스 응대멘트

- "더 필요한 것은 없으시나요?"
- "결제내역 확인하겠습니다. OOOO을 구입하셔서 OO원입니다."
- "카드를 받았습니다."
- "교환은 OO일 이내, 환불은 OO일 이내에 다시 방문해 주시면 됩니다."
- "카드와 영수증은 여기 있습니다."

❸ 포장 단계에서 고객의 신뢰감을 높이는 행동

- 포장 상품의 수량 및 내용물을 고객과 재확인한다.
- 고객에게 포장의 정성이 전달되도록 한다.
- 취급주의 상품은 주의하도록 안내한다.

리 환송서비스

❶ 재방문율을 높이는 환송서비스

- 구매상품에 대한 감사의 마음과 구매에 대한 확신을 전달한다.
- 고객이 매장을 나가실 때까지 주의를 기울인다.
- 판매서비스원의 동작, 표정, 언어는 끝까지 정중하도록 한다.
- 출구까지 나가서 환송 인사를 한다.
- 계산 시 물건을 확인하고 부가세 환급이 가능한 제품은 적극적으로 서류 작성을 돕고, 액체류 반입금지 규정 등을 감안하여 고객에게 안내한다.

❷ 환송서비스 응대 멘트

- "감사합니다. 즐거운 쇼핑이 되셨는지요?"
- "불편하신 점은 없으셨나요?"

- "찾아주셔서 감사합니다. 안녕히 가십시오."
- "또 뵙겠습니다. 즐거운 여행 되십시오."

표 4-7_ **환송서비스 점검표**

구분	점검항목	○	×
환송	1. 진심으로 고마워하는 표정이 담겨 있는가?		
	2. 고객이 매장을 나갈 때까지 주의를 기울이는가?		
	3. 고객 배웅 시 마지막 인사를 하는가?		
	4. 구매하지 않은 고객에게도 인사를 하는가?		

글로벌
면세
서비스

Chapter

05

글로벌 면세 서비스
롤 플레이

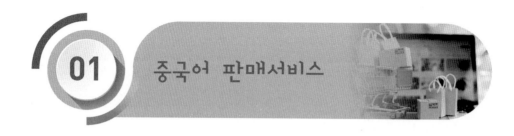

01 중국어 판매서비스

1 중국어 판매 용어

Ⅰ) 중국어 면세쇼핑 필수문장

1. 您好! 欢迎光临我们卖场.
   nínhǎo! huānyíngguānglín wǒmen màichǎng.

2. 随便看一下儿。/随便看看。
   suíbiàn kàn yíxiàr。 / suíbiàn kànkàn.

3. 您是第一次来吗?
   nín shì dìyícì lái ma?

4. 需要帮忙吗?
   xūyào bāngmáng ma?

5. 请跟我来.
   qǐng gēn wǒ lái.

6. 您说的在这儿.
   nín shuō de zài zhèr.

7. 我给您介绍介绍?
   wǒ gěi nín jièshàojièshào?

8. 您自己用还是送人?

nín zìjǐ yòng háishì sòngrén?

9. 请慢慢儿看.

qǐng mànmànr kàn.

10. 您有什么需要随时我.

nín yǒu shénme xūyào suíshí jiào wǒ.

11. 有喜欢的吗?

yǒu xǐhuān de ma?

12. 这是最新款, 人气商品.

zhè shì zuì xīnkuǎn, rénqìshāngpǐn。

13. 请稍等.

qǐng shāoděng.

14. 现在打折.

xiànzài dǎzhé.

15. 您真有眼光.

nín zhēn yǒu yǎnguāng。

16. 这边儿结帐, 请出示护照和登机牌.

zhèbiānr jiézhàng, qǐng chūshì hùzhào hé dēngjīpái.

17. 您的回国日期是~?

nín de huíguó rìqī shì~?

18. 您的电话号码是~?

nín de diànhuàhàomǎ shì~?

19. 您跟团游还是个人游?

nín gēntuányóu háishì gèrényóu?

20. 您付韩元还是人民币?

nín fù hányuán háishì rénmínbì?

21. 您用现金还是信用卡?

nín yòng xiànjīn háishì xìnyòngkǎ?

22. 支付宝和微信支付都可以.

zhīfùbǎo hé wēixìnzhīfù dōu kěyǐ.

23. 今天的汇率是1:172.

jīntiān de huìlǜ shì yī bǐ yīqīèr。

24. 确认一下儿, 请签字.

quèrèn yíxiàr, qǐng qiānzì.

25. 这是收据, 别弄丢了.

zhè shì shōujù, bié nòng diū le.

26. 想退换的话, 带着收据来.

xiǎng tuìhuàn de huà, dài zhe shōujù lái.

27. 开封的和使用过的不能退换.

kāifēng de hé shǐyòngguo de bùnéng tuìhuàn。

28. 拿好东西, 请慢走.

ná hǎo dōngxī, qǐng mànzǒu.

29. 欢迎下次再来.

huānyíng xiàcì zài lái。

30. 祝您旅行愉快!

zhù nín lǚxíng yúkuài!

31. 洗手间出门左拐./右拐.

xǐshǒujiān chūmén zuǒguǎi./ yòuguǎi。

32. 登机口一直往前走就到了.

dēngjīkǒu yìzhí wǎng qián zǒu jiù dào le.

해석

1. 안녕하세요! 우리 매장에 오신 것을 환영합니다.

2. 마음대로 구경하세요!

3. 첫 방문이신가요?

4. 뭘 도와드릴까요?

5. 저 따라 오세요.

6. 말씀하신 것은 여기 있습니다.

7. 설명을 해드릴까요?

8. 고객님이 사용하실 건가요? 아니면 선물용인가요?

9. 천천히 돌려보세요.

10. 필요한 것이 있으시면 알려주세요.

11. 마음에 드신 것 있으세요?

12. 이것은 최신상이고, 인기가 많은 제품입니다.

13. 잠깐만 기다려 주세요.

14. 지금 할인행사 중입니다.

15. 고객님이 정말 안목이 있으시네요.

16. 이쪽에서 결제해드릴게요. 여권과 탑승권을 제시해 주세요.

17. 고객님의 귀국날짜는요?

18. 고객님의 전화번호는요?

19. 고객님이 단체여행인가요? 아니면 개인여행인가요?

20. 한국 돈으로 결제해드릴까요? 아니면 중국 돈으로 결제해드릴까요?

21. 현금으로 결제해 드릴까요? 아니면 카드로 결제해드릴까요?

22. 알리페이하고 위챗페이 둘 다 가능합니다.

23. 오늘의 환율은 1대 172입니다.

24. 확인하시고, 사인해 주세요.

25. 이것은 영수증입니다. 잃어버리지 마세요.

26. 교환이나 환불이 원하시면 영수증 가지고 오세요.

27. 개봉이나 사용한 제품은 교환이나 환불이 안 됩니다.

28. 물건을 잘 챙기시고 천천히 가세요.

29. 다음에 또 오십시오.

30. 즐거운 여행이 되십시오.

31. 화장실은 나가셔서 왼쪽(오른쪽)에 있습니다.

32. 탑승구는 앞으로 쭉 가시면 됩니다.

단어

欢迎光临	huānyíng guānglín	어서 오세요.
卖场	màichǎng	매장
第一次	dìyícì	처음
随便	suíbiàn	편할 대로, 좋을 대로~하다
看看	kànkàn	구경하다. 돌려보다.
需要	xūyào	필요하다. 요구되다.
帮忙	bāngmáng	돕다. 도움.
介绍	jièshào	소개하다. 설명하다.
自己用	zìjǐyòng	본인이 사용하다.
送人	sòngrén	(다른 사람에게)선물하다.
随时	suíshí	즉시. 언제나.
新款	xīnkuǎn	새 스타일
人气商品	rénqìshāngpǐn	인기상품
打折	dǎzhé	할인하다
眼光	yǎnguāng	안목
结帐	jiézhàng	계산하다
出示	chūshì	제시하다

护照	hùzhào	여권
登机牌	dēngjīpái	탑승권
回国日期	huíguórìqī	출국일
电话号码	diànhuàhàomǎ	전화번호
跟团游	gēntuányóu	단체여행
个人游	gèrényóu	개인여행
现金	xiànjīn	현금
信用卡	xìnyòngkǎ	신용카드
支付宝	zhīfùbǎo	알리페이
微信支付	wēixìnzhīfù	위챗페이
汇率	huìlǜ	환율
确认	quèrèn	확인하다
签字	qiānzì	서명하다. 사인하다
收据	shōujù	영수증
开封	kāifēng	편지나 포장을 개봉하다. 뜯다
退换	tuìhuàn	교환하다. 반품하다.
拿	ná	(손으로) 잡다/쥐다.
祝	zhù	기원하다. 바라다.
旅行	lǚxíng	여행. 여행하다.
愉快	yúkuài	즐겁다
拐	guǎi	방향을 바꾸다.
登机口	dēngjīkǒu	탑승 게이트
一直	yìzhí	똑바로. 계속해서
往前	wǎngqián	앞으로
走	zǒu	가다. 걷다

售货员: 您好，欢迎光临!
nínhǎo, huānyíngguānglín。

顾客: 我想买套护肤品，但不知道哪种合适。
wǒ xiǎng mǎi tào hùfūpǐn, dàn bù zhidào nǎ zhǒng héshì。

售货员: 您自己用还是送人?
nín zìjǐ yòng háishì sòngrén?

顾客: 我自己用。
wǒ zìjǐ yòng。

售货员: 您试试这个，这是我们卖场卖得最好的。
nín shìshi zhè ge, zhè shì wǒmen màichǎng mài de zuìhǎo de。

顾客: 我的皮肤有点儿干，还有皱纹。
wǒ de pífu yǒudiǎnr gān, háiyǒu zhòuwén。

售货员: 那我建议你买这个。既保湿又除皱。
nà wǒ jiànyì nǐ mǎi zhège, jì bǎoshī yòu chúzhòu。

顾客: 精华液哪种好? 我巧斑多
jīng huá yè nǎ zhǒng hǎo? wǒ qiǎobān duō。

售货员: 这个不但祛斑，而且能收缩毛孔。
zhè ge búdàn qùbān, érqiě néng shōusuò máokǒng。

顾客: 这是什么?
zhè shì shénme?

售货员: 这是晚霜，和精华液是一套。一起用的话，效果更好。
zhè shì wǎnshuāng, hé jīnghuáyè shǐ yí tào。
yìqǐ yòng dehuà, xiàoguǒ gèng hǎo。

顾客: 那就来两套吧。保质期呢?
nà jiù lái liǎng tào ba。bǎo zhì qī ne?

售货员: 不打开的话三年,打开最好半年用完。
Bù dǎkāi dehuà sān nián, dǎkāi zuì hǎo bàn nián yòngwán。

售货员: 您还要别的吗?
nín háiyào biéde ma?

顾客: 我还想买防晒霜,听说韩国人都用。
wǒ hái xiǎng mǎi fángshàishuāng, tīngshuō hánguórén dōu yòng。

售货员: 对,防晒霜要一年三百六十五日都用,才能防止皮肤老化。
duì, fángshàishuāng yào yì nián sān bǎi liù shí wǔ rì dōu yòng, cái
néng fángzhǐ pífū lǎohuà。

顾客: 看来真的很重要。
kànlái zhēn de hěn zhòngyào。

售货员: 这是给您的小样,请收好。
zhè shì gěi nín de xiǎoyàng, qǐng shōu hǎo。

顾客: 我想看看BB霜和气垫粉底。
wǒ xiǎng kànkàn bìbìshuāng hé qìdiàn fěndǐ。

售货员: 这是新产品,您试试。
zhè shì xīn chǎnpǐn, nín shìshi。

顾客: 我不太化妆,你帮我选选。
wǒ bútài huàzhuāng, nǐ bāng wǒ xuǎnxuǎn。

售货员: 这个BB霜,不油,很清爽。
zhège bìbìshuāng, bù yóu, hěn qīngshuǎng
这个气垫粉底含有精华液,滋润皮肤。
zhège qìdiàn fěndǐ hányǒu jīnghuáyè, zīrùn pífu。

顾客:　　我的皮肤黑，还有雀斑，哪种适合呢？

wǒde pífu hēi, háiyǒu quèbān, nǎ zhǒng shìhé ne?

售货员:　那用粉底液吧。遮盖效果很好。

nà yòng fěndǐyè ba. zhēgài xiàoguǒ hěn hǎo。

售货员:　这是二十三号，应该适合您的皮肤。

zhèshì èrshísān hào, yīnggāi shìhé nín de pífu。

顾客:　　有没有好点儿的粉饼？

yǒu méiyǒu hǎodiǎnr de fěngbǐng?

售货员:　这个有珠光的，皮肤显得艳丽，有光泽。

zhè ge yǒu zhūguāngde, pífu xiǎnde yànlì, yǒu guāngzé。

顾客:　　那就给我拿两个吧。

nà jiù gěi wǒ ná liǎng ge ba。

售货员:　我们面膜正在搞活动，买一送一，您要不要看一下儿？

wǒmen miànmó zhèngzài gǎo huódòng, mǎiyīsòngyī, nín
yàobuyào kàn yíxiàr。

顾客:　　我还真想买面膜。

wǒ hái zhēn xiǎng mǎi miànmó。

售货员:　来这边看看，这都是。美白的、保湿的、除皱的都有。

lái zhèbiān kànkàn, zhè dōushì, měibáide, bǎoshīde, chúzhòde
dōuyǒu。

顾客:　　能天天贴吗？

néng tiāntiān tiē ma?

售货员:　那最好了。您没听说过吗？明星们都是一天一贴。

nà zuì hǎo le。nǐ méi tīng shuōguo ma?
míngxīngmen dōushì yìtiān yìtiē。

顾客:　那就多给我拿几包吧。
　　　　nà jiù duō gěi wǒ ná jǐ bāo ba。

售货员:　这一包里面有十贴，营养的、保湿的、除皱的、美白的，一样两包。
　　　　行吗?
　　　　zhè yì bāo lǐ yǒu shí tiē, yíngyǎngde、bǎoshīde、chúzhòde、
　　　　měibáide, yíyàng liǎng bāo。xíng ma?

顾客:　好的。一起结帐吧!
　　　　hǎo de。yìqǐ jiézhàng ba!

售货员:　请跟我来。总额超过了十万韩币，有赠品。
　　　　qǐng gēn wǒ lái。　zǒngé chāoguole shíwàn hánbì, yǒu zèngpǐn。

顾客:　谢谢你，这么热情周到。
　　　　xièxie nǐ, zhème rèqíngzhōudào。

售货员:　这边儿结帐，请出示护照和登机牌。
　　　　zhè biānr jiézhàng, qǐng chūshì hùzhào hé dēngjīpái。

售货员:　您用现金还是信用卡?
　　　　nín yòng xiànjīn háishì xìnyòngkǎ?

顾客:　用支付宝，可以吗?
　　　　wǒ de hányuán huā méile, wǒ shuākǎ。

售货员:　当然可以。现金、信用卡、支付宝都可以。
　　　　dāngrán kěyǐ。xiànjīn、xìnyòngkǎ、zhīfùbǎo dōu kěyǐ。

售货员:　这是收据，请拿好。欢迎下次再来。
　　　　zhè shì shōujù, qǐng ná hǎo。huānyíng xiàcì zàilái。

판매원: 어서 오세요.

손님: 기초화장품을 사고 싶은데 어떤 것 좋을지 모르겠습니다.

판매원: 고객님이 쓰실 건가요? 아니면 선물용인가요?

손님: 제가 쓸 것을 사려고 합니다.

판매원: 이것 한번 테스트 해 보세요. 이것은 우리 매장에서 제일 잘 나가는 제품입니다.

손님: 제 피부는 좀 건조한 편이고, 주름도 좀 있습니다.

판매원: 그러면 이것 하세요. 보습도 되고 주름 제거도 됩니다.

손님: 에센스는 어떤 것 좋아요? 저는 기미 좀 많습니다.

판매원: 이것은 기미 제거할 뿐만 아니라 모공도 작아집니다.

손님: 이것은 무엇인가요?

판매원: 이것은 나이트 크림입니다. 에센스하고 같은 라인입니다.
        같이 사용하시면 효과가 더 좋습니다.

손님: 그러면 두 세트 주세요. 유통기한은요?

판매원: 개봉하지 않으면 3년이고, 개봉하면 6개월 안으로 사용하는 게 좋습니다.

판매원: 또 필요하신 것 없으세요?

손님: 저는 썬크림도 사고 싶어요. 한국 사람들이 다 쓴다고 하네요.

판매원: 맞습니다. 썬 크림 일년 365일 다 써야 합니다. 그래야 노화 방지가 됩니다.

손님: 보아하니 정말 중요하네요!

판매원: 이것은 샘플입니다. 잘 챙기세요.

손님: 저 BB크림하고 에어쿠션 좀 보고 싶습니다.

판매원: 이것은 새 제품입니다. 한 번 테스트 해 보세요.

손님: 저는 화장 잘하지 않는데, 좀 골라주세요.

판매원: 이 BB크림이 번들거리지 않고 아주 상쾌합니다.
그리고 이 에어쿠션이 에센스를 함유돼서 아주 촉촉합니다.

손님: 제 피부는 어두운 편이고, 게다가 주근깨도 있습니다. 어떤 것이 적합합니까?

판매원: 그렇다면 파운데이션을 쓰세요. 커버 효과가 더 좋습니다.

판매원: 이것은 23호입니다. 고객님의 피부와 맞을 겁니다.

손님: 좀 질이 좋은 파우더가 있습니까?

판매원: 이것은 펄이 있어서 피부가 되게 생기 있어 보이고 윤기가 납니다.

손님: 그러면 두 개 주세요.

판매원: 우리 매장에서 지금 마스크 팩 행사 중인데, 좀 보실래요?

손님: 그렇지 않아도 마스크 팩을 사고 싶었습니다.

판매원: 이쪽으로 오세요. 여기 다 마스크 팩입니다. 미백 팩, 보습 팩, 주름 제거
팩이 다 있습니다.

손님: 매일 붙여도 됩니까?

판매원: 그러면 좋지요. 고객님, 혹시 못 들었습니까?
유명한 스타들이 다 1일 1팩이랍니다.

손님: 그럼 좀 많이 주세요.

판매원: 이것은 하나에 10장씩 들어있습니다. 영양 팩, 보습 팩, 주름제거팩, 미백
팩 두 개씩 드릴까요?

손님:　　좋습니다. 아까 것과 같이 결제해 주세요.

판매원:　저를 따라오세요. 10만원 넘어서 증정품이 있습니다.

손님:　　친절하게 대해주셔서 감사합니다.

판매원:　이쪽에서 결제해드릴게요. 여권과 탑승권을 제시해 주세요.

판매원:　현금이신가요, 카드로 결제하시나요?

손님:　　알리페이로 해도 됩니까?

판매원:　당연히 됩니다. 현금, 신용카드, 알리페이, 위챗페이 다 됩니다.
　　　　　이것은 영수증입니다. 잘 챙기세요.
　　　　　안녕히 가세요.

단어

合适	héshì	적합하다, 알맞다
基础护肤品	jīchǔ hùfūpǐn	기초화장품
皮肤	pífu	피부
干燥	gānzào	건조하다
皱纹	zòufén	주름, 구김
保湿	bǎoshī	보습, 보습이 되다
除皱	chúzòu	주름을 없애다
精华液	jīnghuáyè	에센스
巧斑	qiǎobān	기미
祛斑	qùbān	기미를 없애다
收缩	shōusuò	수축하다
毛孔	máokǒng	모공

保质期	bǎozhìqī	유통기한
打开	dǎkāi	열다, 개봉하다
别的	biéde	다른 것
防晒霜	fángshàishuāng	썬 크림
防止	fángzhǐ	방지. 막다
老化	lǎohuà	노화
重要	zhòngyào	중요하다
小样	xiǎoyàng	견본
BB霜	bìbìshuāng	BB크림
气垫粉底	qìdiàn fěndǐ	에어쿠션
新产品	xīn chǎnpǐn	신제품
油	yóu	기름, 기름지다, 번들거리다
清爽	qīngshuǎng	가뿐하다, 상쾌하다
含有	hányǒu	함유하다
滋润	zīrùn	촉촉하다
遮盖	zhēgài	덮다, 가리다
粉饼	fěngbǐng	파우더 팩트
珠光	zhūguāng	펄
艳丽	yànlì	화사하다, 화려하다
光泽	guāngzé	윤기
总额	zǒngé	총액
超过	chāoguo	초과하다
赠品	zèngpǐn	증정품
热情	rèqíng	열정, 열정적이다, 친절하다
周到	zhōudào	세심하다, 꼼꼼하다, 빈틈이 없다.

부록: 면세중국어 기초 어법

① 수사

'수사'란 숫자나 수량을 나타내는 말이고, 중국어에서 일반적으로 양사와 함께 사용된다.

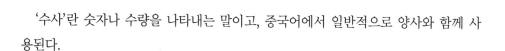

5	4	3	2	1
↓	↓	↓	↓	↓
万	千	百	十	(个)
wàn	qiān	bǎi	shí	ge

(읽는 법: 五万四千三百二十一)

② 양사

'양사'란 사람이나 사물의 수를 세는 단위를 나타내는 명사이고, 일반적으로 뒤에 명사가 온다. (숫자+양사+명사) 대표적인 양사는 다음과 같다:

- 个(ge): 가장 광범위하게 사용되는 양사이다. 사람과 사물을 셀 때 쓰인다. 一个, 两个, 三个, 四个, 五个, 六个, 七个, 八个, 九个, 十个, 十一个, 十二个, 十三个, 十四个, 十五个, 十六个, 十七个, 十八个, 十九个, 二十个, 三十个, 四十个, 五十个, 六十个, 七十个, 八十个, 九十个, 一百个。 (* 两과 二는 모두 2를 뜻하지만 '两은 양사 앞에 쓰인다.) 예 两个人, 两个包儿

- 包(bāo): 봉투 (봉투 혹은 봉투 포장된 물건을 세는 양사)

一包面膜	yì bāo miànmó	마스크 팩 한 봉지
一包茶	yì bāo chá	차 한 봉지
一包泡菜	yì bāo pàocài	김치 한 봉지
一包巧克力	yì bāo qiǎokèlì	초콜릿 한 봉지
一包海苔	yì bāo hǎitái	김 한 봉지
一包方便面	yì bāo fāngbiànmiàn	라면 한 봉지
一包饼干	yì bāo bǐnggān	과자 한 봉지

- 副(fù): 쌍, 조 (안경이나 장갑과 귀걸이를 세는 양사)

一副眼镜	yí fù yǎnjìng	양경 한 조
一副手套	yí fù shǒutào	장갑 한 쌍
一副耳环	yí fù ěrhuán	귀걸이 한 쌍

- 件(jiàn): 벌 (윗옷이나 코트를 세는 양사)

一件衬衫	yí jiàn chènshān	셔츠 한 벌
一件T恤	yí jiàn tīxù	티 한 벌
一件外套	yí jiàn wàitào	외투 한 벌

- 盒(hé): 갑(뚜껑이 있는 상자를 세는 양사)

一盒人参茶	yì hé rénshēnchá	인삼차 한 갑
一盒巧克力	yì hé qiǎokèlì	초콜릿 한 갑
一盒烟	yì hé yān	담배 한 갑
一盒粉底	yì hé fěndǐ	파운데이션 한 개
一盒粉饼	yì hé fěnbǐng	파우더팩트 한 개

- 瓶(píng): 병(병을 세는 양사)

一瓶爽肤水	yì píng shuǎngfūshuǐ	스킨 한 병
一瓶护肤液	yì píng hùfūyè	로션 한 병
一瓶精华液	yì píng jīnghuáyè	에센스 한 병
一瓶眼霜	yì píng yǎnshuāng	아이크림 한 병
一瓶营养霜	yì píng yíngyǎngshuāng	영양크림 한 병
一瓶香水	yì píng xiāngshuǐ	향수 한 병
一瓶酒	yì píng jiǔ	술 한 병

- 双(shuāng): 켤레 (양말이나 구두와 운동화를 세는 양사)

一双袜子	yì shuāng wàzi	양말 한 켤레
一双皮鞋	yì shuāng píxié	구두 한 켤레
一双运动鞋	yì shuāng yùndòngxié	운동화 한 켤레

- 条(tiáo): 벌, 보루 (바지, 스카프, 담배, 목걸이 등 세는 양사)

一条裤子	yì tiáo kùzi	바지 한 벌
一条裙子	yì tiáo qúnzi	치마 한 벌
一条丝巾	yì tiáo sījīn	스카프 하나
一条领带	yì tiáo lǐngdài	넥타이 하나
一条腰带	yì tiáo yāodài	허리벨트 하나
一条项链	yì tiáo xiàngliàn	목걸이 하나
一条烟	yì tiáo yān	담배 한 보루

- 套(tào): 세트, 벌 (세트를 세는 양사)

一套护肤品	yí tào hùfūpǐn	기초화장품 한 세트
一套彩妆	yí tào cǎizhuāng	색조 화장품 한 세트
一套西装	yí tào xīzhuāng	양복 한 세트
一套炒锅	yí tào chǎoguō	프라이팬 한 세트

③ 색상과 재질

- 색상 颜色(yánsè)

红色	hóngsè	빨강색
黑色	hēisè	검정색
米色	mǐsè	베이지색
象牙白	xiàngyábái	아이보리색
棕色	zōngsè	브라운색
黄色	huángsè	노란색
蓝色	liánsè	파란색
紫色	zǐsè	자주색
深色	shēnsè	짙은 색

酒红色	jiǔhóngsè	와인색
白色	báisè	흰색
乳白色	rǔbáisè	크림색
粉色	fěnsè	핑크색
卡其色	kǎqísè	카키색
橙色	chéngsè	오렌지색
绿色	lǜsè	녹색
灰色	huīsè	회색
浅色	qiǎnsè	연한 색

- 재질 材料(cáiliào)

纯棉	chúnmián	순면
麻	má	마
涤纶	dílún	폴리에스터
牛皮	niúpí	소가죽
羊皮	yángpí	양가죽
翻毛皮	fānmáopí	스웨이드
帆布	fánbù	갠버스

真丝	zhēnsī	실크
雪纺绸	xuěfǎngchóu	쉬폰
羊绒	yángróng	캐시미어
小牛皮	xiǎo niúpí	송아지 가죽
山羊皮	shānyángpí	염소가죽
人造革	rénzhàogé	인조가죽

4 무늬와 사이즈

- 무늬

条纹	tiáowén	줄 무늬	花纹	huāwén	꽃 무늬
带点儿	dàidiǎnr	물방울 무늬	带格儿	dàigé	바둑판 무늬

- 사이즈
  - 의류 衣服(yīfu) 사이즈 기준

小号	xiǎohào	S	中号	zhōnghào	M
大号	dàhào	L	加大号	jiā dàhào	XL
特大号	tè dàhào	XXL			

  - 신발 鞋(xié)의 사이즈 기준

34号	sānshísì hào	220	35号	sānshíwǔ hào	225
36号	sānshíliù hào	230	37号	sānshíqī hào	235
38号	sānshíbā hào	240	39号	sānshíjiǔ hào	245
40号	sìshí hào	250	41号	sìshíyī hào	255
42号	sìshíèr hào	260	43号	sìshísān hào	265
44号	sìshísì hào	270	45号	sìshíwǔ hào	275
46号	sìshíliù hào	280			

⑤ 금액

• 각국의 화폐단위

人民币	rénmínbì	인민폐 CNY
韩元	hán yuán	한국 돈 KRW
美元	měi yuán	민국 돈 $

인민폐의 화폐 단위는 '元 yuán', '角 jiǎo', '分 fēn'인데, 구어체에서 '块 kuài' '毛 máo', '分 fēn'을 사용한다. 그리고 일상생활에서 '分 fēn'은 점점 사용되지 않는 추세이다.

• 금액을 읽는 방법

100.00:	一百块	yì bǎi kuài
50.00:	五十块	wǔ shí kuài
20.00:	二十块	èr shí kuài
10.00:	十块	shí kuài
5.00:	五块	wǔ kuài
2.00:	两块	liǎng kuài
1.00:	一块	yí kuài
0.50:	五毛	wǔ máo
0.20:	两毛	liǎng máo
0.10:	一毛	yì máo
108.00	一百零八块	yì bǎi líng bā kuài
56.00:	五十六块	wǔ shí liù kuài
23.20:	二十三块二毛	èr shí liù kuài èir máo
10.50:	十块零五毛	shí kuài líng wǔ máo

一万韩元/	换成/	人民币/	是/	56块。

yí wàn hányuán / huànchéng /rénmínbì /shì/ wǔshíliù kuài。

₩10,000=¥56

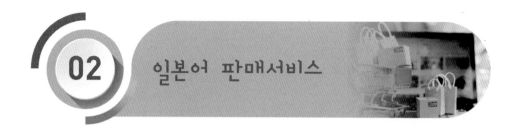

02 일본어 판매서비스

① 일본어 판매용어

① 開店·閉店時のご挨拶 (개점·폐점인사)

기본예문

1. いらっしゃいませ。
  ‣ 어서 오십시오.

2. こんにちは。
  ‣ 안녕하십니까?

3. どうなさいましたか。
  ‣ 무엇을 도와드릴까요?

4. 申しわけございません。お客様。
  ‣ 죄송합니다. 손님.

5. ゆっくりもう一度おっしゃっていただけませんか。

▸ 천천히 한 번 더 말씀해주시겠습니까?

6. 日本語がまだよくできません。

▸ 일본어가 아직 서툽니다.

7. 少々お待ちください。

▸ 잠깐만 기다려 주십시오.

8. ごゆっくりご覧くださいませ。

▸ 천천히 구경하십시오.

9. お探しの品物はございますか。

▸ 찾으시는 물건은 있으십니까?

10. 当店(私どもの免税店)をご利用いただき、誠にありがとうございます。

また、お越しくださいませ。

▸ 저희 매장(저희 면세점)을 이용해 주서서 대단히 감사합니다. 다시 찾아
주십시오.

11. ありがとうございました。

▸ 감사합니다.

12. 安全で楽しいご旅行を。

▸ 안전하고 즐거운 여행 되십시오.

- お客様 손님
- もう一度 한번 더
- 少々 조금, 잠시
- ご覧になる 보시다
- 品物 물건, 상품
- お越しになる 오시다
- 安全 안전
- 誠に 정말로, 대단히

대화

1. 店員 : いらっしゃいませ。お客様、お探しの物はございますか。

▶ 어서 오십시오. 손님. 찾으시는 물건이 있으십니까?

お客 : シャネルの化粧品が見たいのですが。

▶ 샤넬 색조 화장품을 볼 수 있을까요?

店員 : 少々お待ちください。はい、こちらでございます。

▶ 잠깐만요. 예. 여기 있습니다.

2. お客 : アルマーニの香水はありますか。

▶ 아르마니 향수 있습니까?

店員 : 申し訳ございません。

日本語がまだよくできないので、ゆっくりもう一度おっしゃっていただけませんか。

▶ 죄송합니다. 일본어가 아직 서툴러서 그러니 천천히 다시 한 번 말씀
해 주시겠습니까?

3. 店員 : こんにちは。ごゆっくりご覧ください。

すべて優れた商品でございます。

▶ 안녕하십니까? 천천히 구경하십시오. 전부 좋은 상품들입니다.

お客 ：ありがとうございます。

    ▸ 고맙습니다.

4. お客 ：これはおいくらですか。

    ▸ 이것은 얼마에요?

店員 ：恐れ入ります、お客様。少々お待ちください。

    ▸ 죄송합니다. 손님. 잠깐만 기다려 주십시오.

② 販売に関するご案内 (판매안내)

〔기본예문〕

1. 何かお探しですか。

    ▸ 찾으시는 물건이 있으십니까?

2. こちらが新商品です。

    ▸ 이것이 신제품입니다.

3. 今、流行りの商品です。

    ▸ 지금 유행하는 상품입니다.

4. お土産として人気があります。

    ▸ 선물로 인기가 있습니다.

5. こちらになさいますか。

  ▸ 이것으로 하시겠습니까?

6. こちらはいかがでしょうか。

  ▶ 이것은 어떠십니까??

7. こちらでよろしいでしょうか。

  ▶ 이것으로 괜찮으십니까?

8. お手に取ってご覧ください。

  ▶ 직접 손에 들고 보십시오.

(2) 식품 판매

기본예문

1. 高麗人参の商品の種類は大きくエキス、茶、粉末、カプセル、飴などが
  ございます。

  ▶ 고려인삼의 종류는 크게 엑기스, 차, 분말, 캡슐, 사탕 등이 있습니다.

2. 高麗人参茶はエキスの成分が10%入っており、手軽に飲めて価格もお
  手頃です。

  ▶ 인삼차는 엑기스 성분이 10% 들어있으며 먹기도 간편하고 가격도 저렴
  합니다.

3. エキスは、100%原液で特に糖尿病や肝臓が悪い方にお勧めです。

  ▶ 엑기스는 100% 원액이며 특히 당뇨나 간이 나쁘신 분에게 권합니다.

4. エキスの独特なにおいと味のために、カプセルで服用される方も多いです。

▸ 엑기스의 독특한 냄새와 맛 때문에 캡슐로 복용하는 분도 많습니다.

5. 粉末は乾かした高麗人参を粉にしてお茶のように飲む製品です。

▸ 분말은 건삼을 가루로 만들어서 차처럼 먹는 제품입니다.

6. こちらの商品は、韓国固有の伝統食品で清浄海域で採取した海苔で作りました。

▸ 이 상품은 한국 고유의 전통음식으로 청정해역에서 채취한 김으로 만들었습니다.

7. ビタミンとミネラルが大量に含まれており、成人病の予防やお肌の美容にもいいです。

▸ 비타민과 무기질이 다량 함유되어 있어 성인병 예방과 피부미용에도 좋습니다.

8. 価格は15ドルのものと5ドルのものがあり、キムチ味、プルユギ味、竹塩味などがございます。

▸ 가격은 15달러짜리와 5달러짜리가 있고, 김치맛, 불고기맛, 죽염맛 등이 있습니다.

9. 海苔に色々な味付けがされており、ご飯と一緒に召し上がっても、お酒の肴としてもお勧めです。

▸ 김에 여러 가지 맛을 냈기 때문에 밥과 함께 드셔도 좋고, 술안주로도 권해드립니다.

10. チョコレートはミルクチョコの他に栗、唐辛子、高麗人参、緑茶、みかん味など色々な種類がございます。

▸ 초콜릿은 밀크초코 외 밤, 고추, 인삼, 녹차, 밀감맛 등 다양한 종류가 있습니다.

11. 甘すぎず、韓国独特の風味を感じることができ、美しく包装されているので、お土産にも最適です。

▸ 그다지 달지 않으며 한국의 독특한 풍미를 느낄 수 있으며 예쁘게 포장되어 있어서 선물용으로 적당합니다.

12. キムチは韓国を代表する伝統食品です。乳酸菌がたっぷり含まれており、美容とダイエットにも効果がございます。

▸ 김치는 한국을 대표하는 전통식품입니다. 유산균이 듬뿍 들어있어서 미용과 다이어트에도 효과가 있습니다.

13. こちらの商品は特殊な真空包装がされており、長時間の保管が可能で臭いの心配がありません。

▸ 이 제품은 특수 진공포장 되어 있어 오랫동안 보관이 가능하며 냄새가 나지 않습니다.

14. 高麗人参酒は6年根で、少しずつ飲むと体にとてもいいです。

▸ 인삼주는 6년근이며 조금씩 마시면 몸에 아주 좋습니다.

15. お土産は、空港のお受け取りではなく、そのままお持ち帰りいただけます。

▸ 토산품은 공항에서 수령하는 것이 아니고 그대로 바로 가져가실 수 있습니다.

16. 10個以上お買い上げいただきますと、サービスで一つおつけして、ホテルへの配達もいたしております。

> ‣ 10개 이상 구입을 하시면 1개는 서비스로 드리며 호텔까지 배달도 해 드립니다.

17. 蜂蜜や砂糖に漬けた柚子をお湯で割って飲む甘いお茶で、柚子の甘酸っぱ　い香りが心を落ち着かせてくれます。

> ‣ 꿀이랑 설탕에 절인 유자를 따뜻한 물에 타서 마시는 차로 유자의 달고 신맛이 마음을 진정시켜줍니다.

18. 柚子はビタミンCが豊富で、風邪の予防や美肌にも効果があります。

> ‣ 유자는 비타민C가 풍부해서 감기 예방 뿐 아니라 피부미용에도 효과가 있습니다.

19. 鶏が一羽まるごと入ったサムゲタンのレトルトパックです。

> ‣ 닭 한마리가 통째로 들어있는 레토루트 식품 인 삼계탕입니다.

20. 高麗人参とナツメ、栗、にんにく、もち米などが入っており、韓国では代表的なスタミナ食です。

> ‣ 고려인삼과 대추, 밤, 마늘, 찹쌀 등이 들어 있고, 한국의 대표적인 스테미나 식품입니다.

TIPS

人気の韓国土産(인기 있는 한국선물)

キムチ	김치	白菜キムチ、チョンガクキムチ、キュウリのキムチなど
韓国海苔	김	おいしくて軽い海苔は人気ナンバーワンのお土産
お菓子	과자	ブラウニー、ひまわりチョコ、餅のクッキーなど
高麗人参	고려인삼	高麗人参茶、人参酒、人参キャンディなど
伝統茶	전통차	柚子茶、オミジャ茶、テチュ茶など
伝統酒	전통주	マッコリ、焼酎、百歳酒など
ラーメン	라면	辛いラーメンの他、辛くないラーメンも人気
サムゲタン	삼계탕	お土産用のレトルト食品

주요단어

- 高麗人参 인삼
- 原液 원액
- 成分 성분
- 手頃 적합함
- 肝臓 간
- 粉 가루
- 清浄 청정
- 大量 대량
- お肌の美容 피부미용
- 唐辛子 고추
- 風味 풍미

- 粉末 분말
- 手軽 간편함, 손쉬움
- 原液 원액
- 服用 복용
- 固有 고유
- 海域 해역
- 成人病 성인병
- 肴 안주
- 緑茶 녹차
- 包装 포장
- 乳酸菌 유산균

- 飴 사탕
- 価格 가격
- 糖尿病 당뇨병
- 乾かす 말리다
- 伝統食品 전통식품
- 採取 채집
- ミネラル 무기질
- 予防 예방
- 竹塩 죽염
- 及び 및, 과
- 栗 밤

- 代表 대표
- 特殊 특수
- 高麗人参酒 인삼주
- 柚子 유자
- もち米 찹쌀

- 真空 진공
- 配達 배달
- 長時間 장시간
- ナツメ 대추

- お土産 선물
- 効果 효과
- 海苔 김
- 甘酸ぱい 새콤달콤

대화

1. 店員 : 何か、お探しの物がございますか。

　　　　▶ 뭐 특별히 찾는 것이라도 있으십니까?

お客 : 特に探している物はありませんが、どんな種類がありますか。

　　　　▶ 특별히 찾는 것은 없지만 어떤 종류가 있습니까?

店員 : 種類はとても多様ですが、高麗人参の商品の種類は大きくエキ

　　　　ス、茶、粉末、カプセル、飴などがございます。

　　　　▶ 종류는 매우 다양하지만 인삼제품에는 크게 엑기스, 차, 분발, 캡슐,
　　　　사탕 등이 있습니다.

お客 : お土産にはどんな物がいいですか。

　　　　▶ 선물용에는 어떤 것이 좋겠습니까?

店員 : 簡単なお土産には高麗人参茶がお勧めです。

　　　　▶ 간단한 선물로는 인삼차가 좋습니다.

　　　　高麗人参茶はエキスの成分が10%入っており、手軽に飲めて
　　　　価格もお手頃です。

　　　　▶ 인삼차는 엑기스가 10% 들어있으며 먹기도 간편하고 가격도 저렴합
　　　　니다.

お客　：値段に関係なく効能のいい物がほしいです。

　▸ 가격은 상관없고 효능이 좋은 것으로 원합니다.

店員　：効能の良さではエキスがお勧めです。エキスは100%原液で、特に糖尿病や肝臓が悪い方に適しています。

　▸ 효능은 엑기스가 좋습니다. 엑기스는 100% 원액이며, 특히 당뇨나 간이 나쁘신 분에게 좋습니다.

一日に2～3回程度のお湯に溶かしてお飲み下さい。蜂蜜を入れて飲まれますとより効果的です。

　▸ 하루에 2~3회 정도 따뜻한 물에 타서 드세요. 꿀에 타서 드시면 더욱 효과적입니다.

お客　：においを気にせず手軽に飲める物もありますか。

　▸ 냄새나지 않고 간편하게 먹을 수 있는 것도 있습니까?

店員　：一番手軽に飲めて効能がいいのはカプセルです。

　▸ 가장 간편하게 먹고 효능이 좋은 것은 캡슐입니다.

エキスの独特なにおいと味のためにカプセルで服用される方も多いです。

　▸ 엑기스의 독특한 냄새와 맛 때문에 캡슐로 복용하는 사람도 많습니다.

特に、ワールドカップの開催以降、若い人達もたくさん飲むようになりました。韓国サッカーチームの強い体力が高麗人参の効能だと知られるようになったからです。

　▸ 특히 월드컵 개최 이후 젊은 사람들도 많이 마십니다. 한국 축구팀의 강한 체력이 인삼의 효능이라고 알려졌기 때문입니다.

2. 店員 : こちらの商品は、韓国固有の伝統食品で清浄海域で採取した海苔で作りました。

▶ 이 상품은 한국 고유의 전통음식으로 청정해역에서 채취한 김으로 만들었습니다.

ビタミンとミネラルが大量に含まれており、成人病の予防とお肌の美容にもいいです。

▶ 비타민과 무기질이 다량 함유되어 있어 성인병 예방과 피부 미용에도 좋습니다.

お客 : おいくらですか。種類によって値段が違いますか。

▶ 얼마입니까? 종류에 따라 가격이 다릅니까?

店員 : はい、15ドルのものと5ドルのものがあり、キムチ味、プルユギ味、竹塩味などがございます。

▶ 네, 15달러짜리와 5달러짜리가 있고, 김치맛, 불고기맛, 죽염맛 등이 있습니다.

15ドルのものは普通のサイズの海苔が30枚入っております。こちらは食べやすいように一口サイズに切ってあります。

▶ 15달러짜리는 보통 사이즈의 김 30장이 들어있습니다.
이것은 먹기 쉽게 한입 사이즈로 자른 것입니다.

どうぞ。召し上がってみてください。

▶ 드셔보세요.

お客 : おいしいですね。お土産にしても大丈夫ですよね。

▶ 맛있네요. 선물용으로도 괜찮겠지요?

店員 : はい、こちらは価格がお手頃できれいに包装されているので、お

土産としても人気があり、みなさん大量に購入されます。

▸ 네, 이것은 가격이 저렴하고 예쁘게 포장되어 있어서 선물용으로 인기가 있으며, 모두 대량 구매합니다.

10個以上お買い上げいただくとサービスで一つおつけし、ホテルへの配達もいたしております。

▸ 10개 이상 구입을 하시면 1개는 서비스로 드리며 호텔까지 배달도 해 드립니다.

3. お客 : これは韓国のチョコレートですね。

▸ 이것은 한국 초콜릿인가 봐요.

店員 : はい、お客様。きれいに包装されているのでお土産にも最適です。また、甘すぎず、韓国独特の風味を感じることができます。

▸ 예, 손님. 예쁘게 포장되어있어 선물용으로도 좋습니다. 또 달지 않으며, 독특한 한국적 풍미도 느낄 수 있습니다.

お客 : 種類がたくさんありますね。

▸ 종류가 상당히 많군요.

店員 : ミルクチョコの他に栗、唐辛子、高麗人参、緑茶、みかん味など、多様な種類がございます。

▸ 밀크초코 외 밤, 고추, 인삼, 녹차, 밀감 맛 등 다양한 종류의 초콜릿이 있습니다.

最近は、マッコリ味とみかん味がよく売れております。

▸ 요즘은 막걸리맛과 밀감맛이 잘 팔립니다.

4. お客 : これはキムチですよね。

▶ 이것은 김치이군요.

店員 : はい、そうです。韓国を代表する伝統食品です。乳酸菌がたっぷり含まれており、美容とダイエットにも効果がございます。

▶ 네, 그렇습니다. 한국을 대표하는 전통식품입니다. 유산균이 듬뿍 들어있어서, 미용과 다이어트에도 효과가 있습니다.

お客 : キムチは臭いが心配なんですが...

▶ 김치는 냄새가 걱정됩니다만...

店員 : 特殊な真空包装がされているので、長時間の保管が可能で臭いの心配がありません。

▶ 특수 진공포장이 되어 있어 오랫동안 보관이 가능하며 냄새 걱정이 없습니다.

お客 : あの人参酒は何年根ですか。

▶ 저 인삼주는 몇 년 근입니까?

店員 : あちらの人参酒は、6年根で少しずつ飲むと体にとてもいいです。

▶ 저 인삼주는 6년 근이며 조금씩 마시면 몸에 아주 좋습니다.

お客 : 免税品のように空港で受け取らなければなりませんか。

▶ 면세품처럼 공항에서 받아야 합니까?

店員 : いいえ、免税品とは違い、そのままお持ち帰りいただけます。

▶ 아닙니다. 면세품과 달리 그대로 바로 가져가실 수 있습니다.

5. お客 : これはジャムですか。

▶ 이것은 잼입니까?

店員 : あ、こちらはジャムではなく柚子茶といって、柚子で作った
韓国の伝統茶です。

▶ 아, 이것은 잼이 아니고 유자차로 유자로 만든 한국전통차입니다.

お客 : お茶ですか。どうやって飲むんですか。

▶ 차입니까? 어떻게 마십니까?

店員 : ティスプーンに3, 4杯を熱いお湯にとかして飲んでください。

▶ 티스푼으로 3, 4번 따뜻한 물에 타서 마십니다.

柚子はビタミンCが豊富で、風邪の予防や美肌にも効果があり
ます。

▶ 유자는 비타민C가 풍부해서 감기예방과 피부미용에도 효과가 있습니다.

お客 : 味はどうですか。

▶ 맛은 어떻습니까?

店員 : 柚子を砂糖漬けしたものなので香りがよくて甘酸っぱく、日本
の方のお口に合うと思いますよ。

▶ 유자를 설탕에 절여서 향기가 좋고 달고 신맛이 일본 분 입에 잘 맞는
다고 생각합니다.

6. お客 : これはサムゲタンですか。

▶ 이것은 삼계탕입니까?

店員 : はい、そうです。鶏が一羽まるごと入ったサムゲタンのレトル
トパックです。

▶ 네, 그렇습니다. 닭 한 마리가 통째로 들어있는 레토루트식품인 삼계
탕입니다.

お客 : 鶏の他に何が入っているんですか。

　　　▶ 닭 외에 무엇이 들어있습니까?

店員 : 高麗人参とナツメ、栗、にんにく、もち米などが入っており、

　　　韓国では代表的なスタミナ食です。

　　　▶ 인삼과 대추, 밤, 마늘, 찹쌀 등이 들어있고 한국의 대표적인 스테미나
　　　식품입니다.

お客 : 種類はこれだけですか。

　　　▶ 종류는 이것 뿐입니까?

店員 : 一羽まるごと入ったものと、半分だけ入ったものがございます。

　　　▶ 한마리 통째 들어있는 것과 반마리가 들어있는 것이 있습니다.

お客 : どうやって食べればいいんですか。

　　　▶ 어떻게 먹으면 좋습니까?

店員 : レトルトパックのままお湯で温めてもお召し上がりいただけます

　　　が、袋から出してお鍋で直接煮ていただきますと、より一層お

　　　いしく召し上がっていただけます。

　　　▶ 레토루트 채 뜨거운 물에 담궈 따뜻하게 데워서 먹기도 하지만 봉투
　　　에서 꺼내 냄비에 직접 끓이면 한층 더 맛있게 드실 수 있습니다.

주요단어

·特別 특별	·手軽な 간편한	·効能 효능
·蜂蜜 벌꿀	·開催 개최	·一層 한층, 더욱
·お土産 선물, 토산품		

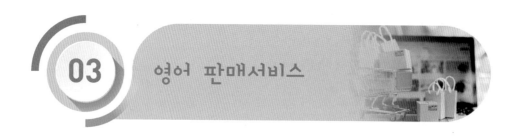

03 영어 판매서비스

1 영어 판매 용어

① 단위

거리	distance	무게	weight
크기	size	부피	bulk
높이	height	두께	thickness
길이	length	깊이	depth
미터	meter	넓이	width

② 가격

1,000원	one thousand won
10,000원	ten thousand won
100,000원	one hundred thousand won
1,000,000원	one million won
10,000,000원	ten million won

③ 패턴 및 색상

물방울무늬	polka-dot
바둑판무늬	checkered
꽃무늬	flower-printed
줄무늬	striped
무지	solid
테두리 무늬	border print

④ 날짜

오늘	today
어제	yesterday
그저께	the day before yesterday
내일	tomorrow
모레	the day after tomorrow
금주(월)	this week(month)
지난주(지난달)	last week(month)
주말	weekend
기념일	anniversary
휴일	holiday
생일	birthday

⑤ 기본 판매 문장

어서오세요	welcome
죄송합니다	i'm really sorry
뭐라고 하셨지요? (정중한표현)	I beg your pardon?
천천히 보십시오	please take your time
써보시겠어요?	would you like to try it on
잠시만 기다려주세요.	please wait a moment
기다려주셔서 감사합니다	thank you very much for your waiting
네,(상품이) 있습니다	yes, we have it

(상품이) 없습니다	no, we dont't have it
여기 있습니다.	here you are
어떠세요?(상품을 권한 후)	how is it, sir(ma'am)?
그것(이것) 괜찮으세요?	is that(this) all right?
이 상품이 선물용으로 가장 인기 있습니다	this is the most popular one for a gift
3개사시면 추가 1개를 사은품으로 더 드립니다	if you purchase three, you'll get one more for a free gift
고객님께 아주 잘 어울립니다	that looks good on you

② 의류 판매

A	May I help you?, are you looking for any particular goods?
B	just looking around
A	please take your time. if you need any help, let us know
B	do you have shirts?
A	what types of shirts would you prefer?
B	i'm looking for wrinkle-free shirts
A	what size do you want?
B	I usually wear a L or a XL
A	here you are, look at yourself in the mirror
B	is this shirts machine washable?
A	yes, this shirts is washable
B	is this on sale?
A	yes, it's on sale now. we are now on sales event whit 30% discount
B	i'll take this, where can I pay for this?

A	this way, please. how would you like to pay?
B	may I use a credit card?
A	sure, we accept major credit card
A	could you kindly show your passport and air-ticket, please
A	could you sign here, please
A	please contact us, when you find any problems on the product or you have any questions of it
A	here you are, thank you for coming.
A	please visit us again. have a enjoyable trip

A	도와드릴까요?, 찾으시는상품이 있으신가요?
B	그냥 둘러보는 겁니다.
A	천천히 보세요. 필요하시면 블러주세요.
B	셔츠가 있나요?
A	어떤 타입의 셔츠를 원하십니까?
B	구김이 생기지 않는 셔츠를 찾고 있어요.
A	사이즈는 몇으로 드릴까요?
B	보통 L이나 XL를 입습니다.
A	여기 있습니다. 거울 앞에서 보세요.
B	이 셔츠는 세탁기로 빨아도 되나요?
A	네, 물세탁 가능합니다.
B	세일중인가요?
A	네, 세일중입니다. 30% 할인행사를 하고 있습니다.
B	이거 주세요. 어디에서 계산하나요?
A	이쪽으로 오십시오. 지불은 어떻게 하시겠습니까?
B	신용카드 됩니까?
A	네, 주요 카드들을 받습니다.
A	여권과 탑승권을 보여주시겠습니까?
A	여기 사인해주십시오.
A	구매하신 상품에 문제가 있거나 궁금한 점이 있으시면 언제든 연락주세요.
A	여기 있습니다. 찾아주셔서 감사합니다.
A	또 들러주시기 바랍니다. 즐거운 여행 되세요.

Chapter

06

기출문제

01 면세산업의 이해

01. 면세점의 역사에 대한 설명이 틀린 것은?

① 최초의 면세점은 1947년 미국의 새넌공항이다.

② 최초의 면세점을 계획한 사람은 브랜든 오리건(Brendan O'Regan)이다.

③ 최초의 면세점은 아직도 영업 중이다.

④ 1960년 창업된 DFS는 DFS갤러리아의 모체이다.

02. 최초의 면세점이며 아직도 영업 중인 면세점은?

① 히드로공항 면세점 　　　　② 새넌공항 면세점

③ DFS면세점 　　　　　　　　④ 오리건 면세점

03. 세계에서 최초로 면세점을 오픈한 나라는?

① 독일 　　　　　　　　　　　② 미국

③ 영국 　　　　　　　　　　　④ 아일랜드

04. 최초의 면세점은 몇 연도에 오픈하였나?

① 1945년 　　　　　　　　　② 1947년

③ 1950년 　　　　　　　　　④ 1957년

05. 국내 최초로 출국장 면세점이 설치 운영된 연도로 맞는 것은?

① 1947년   ② 1960년

③ 1962년   ④ 1979년

06. 국내 면세점의 역사에 대한 설명이 틀린 것은?

① 1962년 인천공항에 최초로 출국장면세점이 설치 운영되었다.

② 국제여객터미널이 있는 항만에도 면세점이 설치 운영되고 있다.

③ 외국인 관광객의 쇼핑편의 제고 목적으로 시내면세점이 도입되었다.

④ 1979년 롯데면세점과 동화면세점이 개점되었다.

07. 면세산업 발전과정에 대한 설명이 틀린 것은?

① 1960년에서 70년대는 태동기로 국내여행객을 주요 대상으로 하며 면세점이 도
입되었다.

② 1980년에는 확대기로 국제스포츠 행사와 88년 해외여행자유화에 따른 출국자
증가로 시내면세점이 증가하였다.

③ 1990년대는 변화기로 90년대 말 외환위기로 관광시장이 위축되고 면세점폐업이
속출하였다.

④ 2000년대는 성장기로 월드컵 특수와 함께 질적인 성장을 도모하였다.

08. 올림픽 등 국제스포츠 행사 개최로 외국인 관광객의 쇼핑 활성화와 해외여행자유화에 따
른 내국인 출국자 증가로 시내면세점이 증가했던 시기로 맞는 것은?

① 1970년대   ② 1980년대

③ 1990년대   ④ 2000년대

Answer_ 1.①   2.②   3.④   4.②   5.③   6.①   7.①   8.②

09. 다음 중 2010년 이후 면세산업에 대한 설명으로 맞는 것은?

① 외국인 관광객의 쇼핑편의 제고 목적으로 시내면세점이 도입되었다.

② 외환위기로 관광시장이 위축되고 면세점폐업이 속출하였다.

③ 중국관광객 급증으로 면세점 매출이 급신장하였다.

④ 다양한 국제스포츠 행사 개최로 면세산업이 질적인 성장을 도모하였다.

10. 2010년 이후 면세산업에 대한 설명으로 틀린 것은?

① 중국관광객 증가로 면세점 매출 급신장하였다.

② 대기업의 면세시장 독점이 지적되었다.

③ 2010년 4조 5천억원 이상의 매출로 미국을 제치고 세계 1위로 도약하였다.

④ 2017년 특허수수료가 인상되었다.

11. 연도별 내국인의 1인당 구매한도가 틀린 것은?

① 1972년 $500   ② 1995년 $2000

③ 1997년 $1000   ④ 2014년 $600

12. 내국인 1인당 구매한도는 시기에 따라 변화되었다. 다음 중 연도별 구매한도가 틀린 것은?

① 1972년 $500   ② 1985년 $1000

③ 1995년 $2000   ④ 2014년 $3000

13. 다음 중 면세점에 대한 설명이 틀린 것은?

① 관세법에서는 면세점을 보세구역 중 보세판매장으로 표기한다.

② 관세법에서는 면세점은 보세구역이 아닌 곳에 설치 할 수 없다.

③ 외국으로 반출하거나 관세의 면제를 받을 수 있는 자만이 면세점에서 물품을 구입할 수 있다.

④ 도심에 위치한 보세판매장을 시내면세점이라 한다.

14. 다음 설명 중 틀린 것은?

> 우리나라 ① 관세법에서는 면세점을 보세구역 증 ② 보세면세점으로 표기하고 외국으로 반출하거나 ③ 관세의 면제를 받을 수 있는 자가 사용할 것을 조건으로 물품을 판매하는 장소로 규정하고 있으며, 도심에 위치한 곳은 ④ 시내면세점이라 한다.

① 관세법   ② 보세면세점
③ 관세의 면제   ④ 시내면세점

15. 다음 중 보세판매장의 종류에 해당되지 않는 것은?

① 김포공항 외교관면세점   ② 인천공항 입국장면세점
③ 제주항 지정면세점   ④ 롯데시내면세점

16. 다음 중 보세판매장의 종류로 틀린 것은?

① 시내면세점   ② 출국장면세점
③ 입국장면세점   ④ 공무원면세점

17. 다음 중 지정면세점에 대한 설명으로 틀린 것은?

① 우리나라에서는 제주특별자치도에만 지정면세점이 설치 운영되고 있다.
② 제주도 공항뿐 아니라 제주항에도 설치 운영하고 있다.
③ 제주도를 통해 출도 하는 경우 이용가능하다.
④ 내국인의 경우 제주도를 통해 타국으로 출국하는 경우에 이용가능하다.

Answer_   9. ③   10. ③   11. ③   12. ④   13. ②   14. ②   15. ①   16. ④   17. ④

18. 면세산업의 특징에 대한 설명 중 틀린 것은?

① 면세점은 내국인뿐만 아니라 외국인을 고객으로 한다.

② 면세점은 관광경기 변화와 무관하게 독립적으로 운영되는 산업이다.

③ 면세점은 세관의 엄격한 통제와 규제를 받는 산업으로 정부로부터 정책적으로 관리되는 산업이다.

④ 면세점은 관세청의 특허를 통하여 운영되는 특허성사업이다.

19. 다음 중 보세판매장에 대한 설명이 맞는 것은?

① 지정면세점은 제주 공항과 제주항에 설치 운영 중이다.

② 출국장면세점은 환승고객은 이용할 수 없다.

③ 국제여객센터가 있는 항만에도 입국장면세점이 설치 운영 중이다.

④ 외교관 면세점은 우리나라에 주재하는 대사관, 영사관, 공사관의 직원만이 이용하는 면세점이다.

20. 다음 중 입국면세점에 대한 설명이 맞는 것은?

① 입국면세장에서는 담배를 판매하지 않는다.

② 입국하는 내국인만 이용 가능하다.

③ 공항과 항만에 입국장에 설치되어 있다.

④ 주류, 화장품, 향수 등 출국 면세장에서 판매하는 동일 품목을 취급한다.

21. 다음 중 입국면세점에 대한 설명이 틀린 것은?

① 주류, 화장품, 향수 등 제한적 품목을 취급한다.

② 입국면세장에는 담배를 판매하지 않는다.

③ 공항과 항만에 입국장에 설치되어 있다.

④ 입국하는 내외국인이 이용 가능하다.

22. 다음 설명 중 빈칸에 해당되는 것은?

> 우리나라 관세법(제196조 제1항)에서는 면세점을 보세구역 중 (　　　　)으로 표기하고 외국으로 반출하거나 관세의 면제를 받을 수 있는 자가 사용할 것을 조건으로 물품을 판매하는 장소로 규정하고 있으며, 도심에 위치한 곳은 (　　　　) 이라 한다.

① 보세판매장-지정면세점

② 보세판매장-시내면세점

③ 지정면세점-시내면세점

④ 출국면세점-입국면세점

23. 다음 중 면세점의 역할에 맞지 않는 것은?

① 원화반출　　　　　　　　② 국산브랜드 홍보

③ 국가이미지제고　　　　　④ 고용창출과 고용증대

24. 다음 중 보세판매장에 대한 설명이 틀린 것은?

① 시내 면세점은 시내에 설치되어 출국하는 내외국인에게 물품을 판매하는 곳이다.

② 출국장 면세점은 공항이나 항만의 출국장에 설치되어 있는 면세점이다.

③ 입국장 면세점은 공항의 입국장에 설치되어 국내 입국 시 이용할 수 있는 면세점이다.

④ 지정 면세점은 제주특별자치도에 대한 면세점 특례규정에 따라 제주도를 통해 타국으로 출국하는 내외국인이 이용 가능한 면세점이다.

25. 다음은 면세산업의 특징에 대한 설명이다 틀린 것은?

① 면세점은 정부의 특허를 통하여 운영되는 특허성사업이다.

② 면세점은 수출입사업이다.

③ 면세점은 규모의 경제가 중요한 산업 중 하나이다.

④ 면세점은 관광관련 사업과 협조와 협력관계를 요구하는 산업이다.

26. 면세점이 국가별로 상이하게 운영되고 있는 조건에 맞지 않는 것은?

① 규모와 형태   ② 방법   ③ 범위   ④ 주제

27. 국내에서 시내 면세점은 어떤 면세점이 제일 먼저 개점 되었나요?

① 신라면세점과 동화면세점   ② 롯데면세점과 신세계면세점

③ 신라면세점과 워커힐면세점   ④ 롯데면세점과 동화면세점

28. 면세산업의 발전과정의 시기는 어떻게 구분합니까?

① 태동기 →확대기→변화기→성장기→격변기

② 태동기 →변화기→성장기→격변기→확대기

③ 변화기→확대기→태동기 →성장기→격변기

④ 격변→기태동기 →확대기→변화기→성장기

29. 현재 우리나라의 지정 면세점은 어느 지역에 있습니까?

① 서울   ② 인천   ③ 부산   ④ 제주도

30. 출국장면세점에 대한 설명으로 올바른 것은?

① 공항 입국장이 설치되어 있다   ② 시내에 설치되어 있다

③ 공항·만 출국장에 설치되어 있다   ④ 제주특별자치도에 설치되어 있다

31. 면세점과 면세산업의 특징에 관한 설명으로 맞지 않은 것은?

① 면세점은 국제정치 및 관광경기에 매우 민감하다는 리스크가 있다.

② 면세점은 관광관련 사업인 여행사나 호텔과 긴밀한 협조 및 협력관계를 요구하는 산업이다.

③ 면세점은 정부(관세청)의 특허를 통하여 운영되는 특허성 사업이다.

④ 면세점은 수입사업이다.

32. 국적별 관광객이 공항을 떠나기 전에 마지막으로 사는 인기식품은 ?

① 중국인 김치   ② 일본인 다양한 맛의 김

③ 동남아인 사탕   ④ 미국인 홍삼

33. 한국을 방문하는 외국인의 쇼핑의 주요품목이 아닌 것은?

① 향수   ② 가방

③ 화장품   ④ 식료품

34. 쇼핑목적으로 방한하는 관광객의 쇼핑장소로 가장 선호하는 곳은

① 명동   ② 남대문

③ 동대문   ④ 부산

35. 보세구역은 무엇에 따라 시내면세점, 출국장면세점, 외교관면세점, 지정면세점으로 구분합니까?

① 규모   ② 물품

③ 설치장소와 목적   ④ 이용자

Answer_ 25. ② 26. ④ 27. ④ 28. ① 29. ④ 30. ③ 31. ④ 32. ② 33. ② 34. ① 35. ③

02 면세상품의 관리

01. 다음 정의에 해당하는 설명은?

> 외국 물품을 외국으로 반출하거나 외교관용 물품 따위의 면세 규정에 의해 관세의 면세를 받을 수 있는 자가 사용하는 것을 조건으로 외국 물품을 판매할 수 있는 보세 구역이다.

① 보세판매장　　② 면세산업　　③ 보세운송　　④ 상품판매

02. 보세판매장의 종류에 속하지 않는 것은?

① 외교관면세점　　　　　　② 출국장면세점
③ 입국장면세점　　　　　　④ 편의점면세점

03. 출입국관리법에 의한 외국인에 속하지 않는 것은?

① 출입국관리법에 따라 대한민국의 국적을 가지지 아니한 자
② 재외동포로서 거주지 국가의 영주권(영주권 제도가 없는 국가에서는 영주권에 갈음하는 장기체류 사증)이나 이민사증을 취득한자 또는 영주할 목적으로 외국에 거주하고 있는 자로서 거주여권(PR)을 소지한 자
③ 해외이주자로서 해외이주신고확인서 및 영주할 목적인 재외국민으로서 재외국민등록부 등본을 소지한 자 또는 재외국민 주민등록증을 소지한 자
④ 대한민국의 국적을 가진 자와 결혼한 외국인의 다문화 가정 자녀

04. 인도장의 설명에 속하지 않는 것은?

① 출국장 보세구역 내 설치한 장소

② 외국무역선 및 외국여객선박의 선내

③ 통관우체국내 세관통관장소

④ 면세점내의 쇼핑몰

05. 다음의 내용은 무엇에 관한 설명인가?

> 외국에서 국내로 입국하는 자에게 물품을 판매할 목적으로 공항, 항만 등의 입국경로에 설치된 보세판매장

① 외교관면세점

② 출국장면세점

③ 입국장면세점

④ 시내면세점

06. 다음의 내용은 무엇에 관한 설명인가?

> ① 출국장 보세구역 내 설치한 장소
> ② 외국무역선 및 외국여객선박의 선내
> ③ 통관우체국내 세관통관장소
> ④ 항공화물탁송 보세구역
> ⑤ 세관장이 지정한 보세구역(자유무역지역을 포함한다.)

① 판매장 　　　　　　　　② 출국장

③ 입국장 　　　　　　　　④ 인도장

Answer_ 1. ①　2. ④　3. ④　4. ④　5. ④　6. ④

07. 세관장이 서류제출대상으로 선별한 물품은 반입검사신청서에 서류를 첨부하여 관할세관장에게 제출할 시 필요로 한 서류가 아닌 것은?

① 반입신고서 사본(물품반입 시 전자문서로 반입신고한 때에는 생략함)
② 매매계약서 또는 물품매도확약서
③ 선하증권 사본
④ 판매물품반출승인서

08. 보세창고 또는 자유무역지역 내 물류창고를 통합물류창고로 운영 시에는 누구의 허가를 받아야 하는가?

① 세무서장　　　　　　　　　② 관할 도지사
③ 관할시장　　　　　　　　　④ 관세청장

09. 면세상품 판매물품에 대한 설명이 아닌 것은?

① 세관장이 필요하다고 인정하는 품목에 대하여는 쿠폰으로 판매할 수 없다.
② 쿠폰으로 판매한 상품은 관할세관장이 지정하는 보세구역에 반입하여 수출신고 수리 후 선적한다.
③ 쿠폰으로 판매 가능한 품목은 국산 가전제품 중 여행자의 휴대반출이 곤란하거나 세관장이 필요하다고 인정하는 품목이다.
④ 쿠폰으로 판매한 상품은 관할세관장이 지정하는 보세구역에 반입하여 수출신고 수리 후 선적한다.

10. 주한외교관 및 외국공관원에 한하여 물품 판매가 가능한 곳은?

① 외교관면세점
② 출국장면세점
③ 입국장면세점
④ 시내면세점

11. 출국하는 내국인의 구매 한도는?

    ① 미화 2,000달러 이하   ② 미화 3,000달러 이하

    ③ 미화 4,000달러 이하   ④ 미화 6,000달러 이하

12. 입국인이 물품을 구매할 수 있는 구매 한도는?

    ① 미화 400달러 이하   ② 미화 600달러 이하

    ③ 미화 1,000달러 이하   ④ 미화 3,000달러 이하

13. 면세점 운영인의 의무에 대한 설명으로 올바른 것은?

    ① 운영인은 모든 사항을 구내홈페이지와 게시판 등을 통하여 홍보해야 한다.

    ② 보세판매장에서 판매하는 물품과 다른 물품을 수입하여 내수판매를 하지 않아야 한다.

    ③ 매물품을 진열·판매하는 때에는 상표단위별 진열장소의 면적은 매장면적의 5분의 1을 초과할 수 없다.

    ④ 시내면세점 운영인은 해당 보세판매장에 중소·중견기업 제품 매장을 설치해야 한다.

14. 인도장에서 판매물품을 구매자에게 인도하는 업무를 담당하려는 자에 해당하지 않는 것은?

    ① 보세판매장 협의단체

    ② 관세행정과 관련 있는 비영리 법인

    ③ 보세판매업자

    ④ 보세화물관리와 관련 있는 비영리 법인

Answer_   7. ④   8. ④   9. ①   10. ①   11. ②   12. ②   13. ④   14. ③

15. 다음 도식의 절차는 무엇에 관한 설명인가?

① 외교관면세점 상품판매방법
② 출국장면세점 상품판매방법
③ 입국장면세점 상품판매방법
④ 시내면세점 상품판매방법

16. 판매장 진열 및 판매 대한 설명이 아닌 것은?

① 물품을 판매한 때에는 구매자 인적사항 및 판매사항을 전산관리하고, 세관에 전자문서로 실시간 전송해야 한다.
② 외국원수 및 수행원의 현장인도, 보세공장, 자유무역지역의 판매제품 보세운송은 구분하여 기록을 유지해야 할 필요가 없다.
③ 이동판매 방식으로 판매하려고 할 때에는 이동판매대의 설치장소, 설치기한 및 판매품목 등에 대해 세관장의 승인을 받아야 한다.
④ 대장을 판매장에 비치하고 구매자 인적사항 및 판매사항을 전산 관리해야 하며, 세관장 요구 시 물품별로 확인이 가능하도록 필요사항을 기록 유지해야 한다.

17. 출국하는 외국인이 시내면세점에서 구매한 내국물품을 해당 보세판매장에서 인도받기를 원하는 경우에 필요로 한 서류는?

① 구매자의 여권
② 탑승권
③ 전자티켓
④ 판매물품 반출승인서

18. 전자상거래에 의한 판매의 설명에 해당하는 것은?

① 보세판매장의 물품을 전자상거래의 방법으로 판매할 수 없다.

② 세무서장은 운영인과 통신판매업신고인이 같은 법인인지 여부와 전자상거래 운영방법, 구매절차 및 결제방법이 적정한지 여부를 심사해야 한다.

③ 전자상거래방법에 의하여 물품을 판매하는 경우에는 구매자의 인적사항을 대장 또는 전산으로 기록해야 한다.

④ 세관장은 신고한 사항과 다르거나 법규에 위배되는 경우에는 해당 운영인에게 기한을 정하여 시정을 명해야 하며, 기한 내에 시정하지 않았을 때에는 전자상거래방법에 의한 물품판매 중지를 명할 수 있다.

19. 인도자 지정신청을 해야 할 때, 세관장은 몇 년의 범위 내에서 기간을 정하여 인도자를 지정하고 그 지정사항을 관세청장에게 보고해야 하는가?

① 5년　　　　　② 1년　　　　　③ 8년　　　　　④ 10년

20. 세관장이 인도자 지정을 취소할 수 없는 경우는?

① 경고처분을 1년 내에 3회 이상 받은 때

② 관세행정 질서를 어지럽힌 경우

③ 인도장 관리에 필요한 서류를 제출한 경우

④ 인도자가 과실로 법을 위반한 경우

21. 인도자는 인도장의 과중한 업무량을 고려하여 누구를 채용할 수 있는가?

① 관세사　　　　　　　　② 세관장
③ 보세사　　　　　　　　④ 면세사

Answer_　15. ②　16. ②　17. ④　18. ①　19. ①　20. ③　21. ③

22. 다음 도식의 절차는 무엇에 관한 설명인가?

① 판매물품인도 절차   ② 세관장의 승인절차
③ 입국장면세점 상품판매방법   ④ 시내면세점 상품판매방법

23. 인도자가 출국내국인의 경우 얼마까지 초과하지 않는 범위 내에서 물품을 인도할 수 있는가?

① 미화 3,000달러   ② 미화 4,000달러
③ 미화 5,000달러   ④ 미화 6,000달러

24. 인수자가 교환권을 분실한 경우에 인도자가 동일인임이 확인할 수 있는 증빙정보가 아닌 것은?

① 구매자의 성명   ② 구매자의출국편명(출국일)
③ 구매자의 여권번호   ④ 구매자의입국편명(입국일)

25. 미인도 물품의 처리에 대한 설명으로 옳지 않은 것은?

① 판매물품이 인도장에 반입된 후 5일 이상이 경과해도 구매자에게 인도되지 않을 때에는 미인도 물품목록을 작성하여 세관장에게 보고한다.
② 운영인은 재반입된 미인도 물품은 지체 없이 구매자의 해외주소를 확인하고 해당 물품을 즉시 우편으로 송부해야 한다.
③ 보세판매장에 재반입된 미인도물품은 반입된 날부터 5일이 경과한 후 미인도물품 해제 신청을 거쳐 재판매할 수 있다.
④ 판매취소 등 구매자의 미인수 의사가 명확한 미인도 물품은 인도장 반입 후 5일 경과 전이라도 운영인에게 인계할 수 있다.

26. 보세판매장 판매용 물품 중 반출가능 한 경우는?

① 자유무역지역에서 제조·가공된 물품으로서 변질된 경우

② 보세공장 에서 제조·가공된 물품으로서 손상된 경우

③ 보세공장 에서 제조·가공된 물품으로서 판매부진한 경우

④ 자유무역지역에서 병행수입된 제품으로서 판매부진한 경우

27. 판매대금영수에 관한 설명으로 옳지 않은 것은?

① 판매대금은 원화로 영수할 수 있다.

② 판매대금은 외화로 영수할 수 있다.

③ 거스름돈이 없을 때에는 원화로 상품권으로 제공한다.

④ 환율계산에 있어서 단수는 고객에게 유리하게 절사한다.

28. 반품, 분실물 등의 처리에 대한 설명으로 옳지 않은 것은?

① 운영인이 구매자로부터 인터넷으로 판매물품의 환불요청을 받은 때

② 운영인이 구매자로부터 항공 화물로 판매물품의 교환요청을 받은 때

③ 운영인이 구매자로부터 해상 화물로 판매물품의 환불요청을 받은 때

④ 운영인이 구매자로부터 국제우편으로 판매물품의 환불요청을 받은 때

29. 다음 품목에 대한 관세 면제기준이 잘못된 것은?

① 술 2리터 이하

② 담배 200개비

③ 향수 2온스

④ 전자담배 니코틴 용액 20밀리리터

Answer_ 21. ① 22. ① 23. ① 24. ④ 25. ③ 26. ④ 27. ③ 28. ① 29. ①

30. 미판매 재고물품의 처리에 대한 설명으로 옳지 않은 것은?

① 운영인은 유행의 변화에 따라 판매하지 못하는 때에는 세관장의 승인을 받아 반송하거나 폐기할 수 있다.

② 운영인은 폐기하는 물품의 가치가 상당하여 폐기하는 것이 불합리하다고 판단되는 경우에는 체화처리절차에 의해 처리하여 줄 것을 세관장에게 신청할 수 있다.

③ 운영인은 해당 물품의 공급자가 국내에 소재하는 경우에는 판매물품반출승인서에 의하여 세관장의 승인을 받아 국내의 공급자에게 해당 물품을 반품할 수 있다.

④ 운영인은 변질, 고장에 따라 판매하지 못하는 때에는 재고관리시스템에 의하여 전자문서로 폐기 신청할 수 없다.

31. 전자문서에 의한 신고의 처리에 대한 설명으로 옳지 않은 것은?

① 운영인은 고시에서 정하는 보세판매장 물품의 반출입에 따른 신고를 전자문서로 세관장에게 제출해야 한다.

② 운영인은 고시에서 정하는 보세판매장 물품의 신청 및 업무사항에 대한 보고 등은 전자문서로 세관장에게 제출해야 한다.

③ 보세판매장 물품관리와 관련하여 재고관리시스템의 처리에 관한 사항은 운영인의 재고관리시스템상의 정해진 규정에 의한다.

④ 보세판매장 물품관리와 관련하여 재고관리시스템의 처리에 관한 사항은 관세청장이 따로 정하는 바에 의한다.

32. 여행자 1명의 휴대품 면세범위는 얼마인가?

① 미화 300달러 이하

② 미화 500달러 이하

③ 미화 600달러 이하

④ 미화 800달러 이하

33. 승무원 1명의 휴대품 면세범위는 얼마인가?

① 미화 100달러 이하　　　　　② 미화 300달러 이하

③ 미화 500달러 이하　　　　　④ 미화 600달러 이하

34. 내국인이 출국 시 면세점에서 구입 할 수 있는 한도는?

① 미화 1,000달러　　　　　② 미화 3,000달러

③ 미화 5,000달러　　　　　④ 미화 6,000달러

35. 기본적으로 정해진 관세의 면제범위와 관계없이 별도로 면세를 규정하고 있는 품목이 아 닌 것은?

① 술　　　　　② 담배　　　　　③ 향수　　　　　④ 명품가방

36. 향수에 대한 관세 면제 기준은?

① 40ml　　　　② 50ml　　　　③ 60ml　　　　④ 70ml

37. 주류, 담배에 대한 면제가 적용되지 않는 나이 기준은?

① 18세 미만　　② 18세 이하　　③ 19세 미만　　④ 19세 이하

38. 한국 공항의 세관절차에 대한 설명이 틀린 것은?

① 여행자가 스스로 휴대품신고서를 성실하게 작성

② 여행자 스스로 세관통로(세관검사, 면세)를 선택

③ 자진신고제도

④ 휴대물품에 대한 전수 조사

Answer_　30. ④　31. ③　32.③　33.①　34. ②　35. ④　36. ③　37. ③　38. ④

39. 내국인의 면세점 이용에 관한 설명 중 틀린 것은?

① 내국인은 출국 시에만 이용이 가능하다.

② 면세품 구입 시에는 여권이 반드시 필요하다.

③ 출국 시 구입한 면세품을 입국 시 다시 반입하여도 세금이 부과되지 않는다.

④ 시내 면세점에서 구입한 면세품은 공항 내 출국장에 위치한 인도장에서 받는다.

40. 관세 면제 기준을 초과하는 주류에 대한 과세 방법은?

① 면세 기준을 공제하지 않고 전체 구입가격에 대해 과세

② 면세 기준을 공제한 후 남은 가격에 대해 과세

③ 2리터 용량의 주류를 휴대반입 할 경우 1리터를 공제한 후 나머지 1리터에 과세

④ 2리터 이하는 관세 면제 기준을 초과하지 않은 것으로 간주

41. 조건부 면세 규정에 대한 설명이 틀린 것은?

① 여행자 1인당 현지구입가격 미화 600달러를 과세가격에서 면제

② 판매를 목적으로 반입하는 상용물품에 대해서는 조건부 면세 규정 적용 불가

③ 신변용품이라도 외국에서 구입한 것은 과세가격에 포함하여 계산

④ 두 개 이상의 휴대품 금액 합계가 미화 600달러를 초과하는 경우에는 1인당 면제 금액은 저세율 품목부터 적용

42. 농축수산물에 대한 면세통관 범위는?

① 해외 총 취득가격 10만원 이내에서 품목당 기준을 준수

② 해외 총 취득가격 30만원 이내에서 품목당 기준을 준수

③ 해외 총 취득가격 50만원 이내에서 품목당 기준을 준수

④ 해외 총 취득가격 70만원 이내에서 품목당 기준을 준수

43. 농축수산물 면세통관 범위에서 5kg까지 반입이 가능한 것이 아닌 것은?

① 참기름   ② 참깨   ③ 고사리   ④ 잣

44. 농축수산물 면세통관 범위에서 면세통관이 불허되는 품목은?

① 참깨   ② 더덕   ③ 상황버섯   ④ 모시

45. 농축수산물 면세통관 범위에서 검역에 합격한 쇠고기는 몇 kg까지 가능한가?

① 10kg   ② 20kg   ③ 30kg   ④ 40kg

46. 농축수산물 면세통관 범위에서 인삼, 상황버섯은 몇 kg까지 가능한가?

① 200g   ② 300g   ③ 400g   ④ 500g

47. 농산물은 품목당 몇 kg 이내인가?

① 5g   ② 10g   ③ 20g   ④ 30g

48. 여행자가 외국의 세관을 통관할 때 유의사항이 틀린 것은?

① 다른 사람의 부탁으로 대리 운반하는 물품이 마약, 밀수품일 경우 본인이 모르고 운반했다면 처벌을 받지 않는다.

② 과일, 식물, 씨앗 등 병충해를 전파할 우려가 있는 물품은 엄격히 반입을 제한한다.

③ 각국의 법령에서 규정한 외환신고 대상에 해당하는 외화 등은 신고하지 않는 경우 압수당할 수 있다.

④ 세관신고서를 허위로 작성하였을 경우 법에 의해 처벌을 받을 수 있다.

Answer_   39. ③   40. ①   41. ④   42. ①   43. ④   44. ④   45. ①   46. ②   47. ①   48. ①

49. 면세범위 초과 물품 통관에 대한 설명이 맞는 것은?

① 해외여행 중 면세범위초과 물품을 자진 신고하면 15만원 한도 내에서 관세 30%를 경감

② 해외여행 중 면세범위초과 물품을 자진 신고하면 10만원 한도 내에서 관세 20%를 경감

③ 2년 내 미신고 가산제를 2회 징수 받은 경우 4회부터 납부세액의 60%를 가산제로 부과

④ 2년 내 미신고 가산제를 1회 징수 받은 경우 3회부터 납부세액의 50%를 가산제로 부과

50. 출국여행자 면세물품 구입시 유의사항에 관해 틀린 것은?

① 출국 시 면세 물품 구매 한도는 1인당 미화 3,000달러

② 입국 시 면세범위는 미화 600달러

③ 초과분에 대해서는 세관신고만 하면 된다.

④ 초과분에 대해서는 세관신고 후 세금을 납부해야한다.

Answer_ 49. ① 50. ③

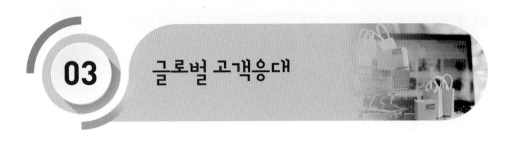

03 글로벌 고객응대

01. 중국의 선물문화에 대한 설명이 옳지 않은 것은?

① 선물은 상대방에 대한 존경의 의미이다

② 선물을 받는 사람이 2~3회 거절하면, 부담된다는 의미이기 때문에 더 이상 권하지 않는다.

③ 협상이나 미팅에서도 상호 간에 간단한 선물 교환식을 하는 것이 관례이다.

④ 선물을 받게 된 경우에는 감사의 말만 표현하고, 즉석에서 개봉하지 않는다.

02. 중국인들이 생각하는 선물의 의미가 아닌 것은 ?

① 배(梨)는 '이별(離)', 사과는 '병고(病苦)'의 의미이다.

② 우산(雨傘), 부채(扇)는 '흩어지다, 헤어지다'의 의미로서, 헤어지다(散)의 글자와 과 발음이 유사하기 때문에 우산과 부채를 받는 경우 상대방이 더 이상 만나고 싶지 않다라는 의미전달로 받아들인다.

③ 거북이는 장수하는 동물로서 건강을 기원하는 의미이다.

④ 시계는 '끝내다. 죽다'라는 글자와의 발음이 유사하여 선물하지 않는다.

Answer_ 1. ② 2. ③

03. 중국인들이 생각하는 숫자와 색깔과 관련된 내용 중 옳지 않은 것은?

① 숫자 '6'은 '모든 일이 순조롭게 흘러간다는 의미이다.
② 숫자 '4'는 죽음을 의미하여 선호하지 않는다.
③ 중국인들은 붉은 색을 선호하기 때문에 결혼식 축의금은 붉은 봉투에 넣는다.
④ 중국에서는 금색을 길한 색으로 생각하기 때문에 부의금은 금색 봉투에 홀수의 지폐를 넣는다.

04. 일본의 선물문화에 속하지 않은 것은?

① 꽃을 선물로 하는 경우는 짝수로 한다.
② 같은 공간의 사람들에게 통일한 선물은 성의가 부족하다고 오해를 할 수 있어 적절하지 않다.
③ 선물을 받을 때는 성의를 갖춰 받고, 답례하는 것은 필수이다.
④ 일본에서는 흰색을 죽음의 의미로 생각한다.

05. 인도의 선물문화와 관련된 내용 중 옳지 않은 것은?

① 축의금과 부의금은 '11, 51, 101, 501'의 숫자에 맞춘다.
② 소를 숭배하기 때문에 소가죽제품인 지갑, 벨트, 가방 등을 받으면 영광으로 여긴다.
③ 꽃은 지방마다 의미 차이가 있으며, 장미는 무난하다.
④ 금제품은 선호하지만, 가족과 친인척 사이에서만 선물하는 품목이다.

06. 이슬람의 선물문화에 대한 설명으로 맞지 않은 것은?

① 이슬람에서 한국인 교민들이 야외 삼겹살 파티를 하는 경우 야만인 취급되기도 한다.
② 지인의 여자 식구에게 선물하는 것은 금기이며, 안부 문의도 금기시되고 있다.
③ 선호하는 선물은 나침반과 휴대용 방석, 애완동물이다.
④ 여성의 비키니 사진 등의 노출 사진과 포르노물은 금기시된다.

07. 국가별 선물 문화와 관련된 내용 중 옳지 않은 것은?

① 핀란드에서는 여성에게 속옷 선물할 때 실용성보다는 상대 여성의 기분을 위한 배려한다는 의미로 작은 사이즈를 선물한다.

② 폴란드에서는 돌잔치에 아기의 신발을 건강하게 자라라는 의미로 선물한다.

③ 태국에서는 향수와 손수건은 연인 사이에 하는 선물이다.

④ 싱가포르에서는 식사 초대 시에 음식 선물하는 것을 '모욕'으로 생각한다.

08. 한국인이 오해하는 외국인의 습관으로 옳지 않은 것은?

① 한국에서는 식사 중에 밥그릇에 수저를 꽂아두는 행동은 금기시된다.

② 둘째손가락으로 사람을 가리키면 한국인들은 매우 무례하게 생각한다.

③ 현대의 한국 사회에서는 수평적 인간관계의 발달로 나이가 많고, 적음에 상관없이 상대방의 이름을 부르는 것을 자연스럽게 생각한다.

④ 한국인들은 빨간색으로 사람의 이름을 쓰는 것을 금기한다.

09. 외국인이 오해하는 한국인의 습관으로 옳지 않은 것은?

① 한국인은 꾸중을 들을 때 상대방의 눈을 똑바로 바라보지 않는다. 그러나 외국인들은 상대방의 눈을 똑바로 바라보지 못하는 경우, 정직하지 못하다고 생각한다.

② 동성 간에 손을 잡거나 팔짱을 끼지 않는다. 동성애자로 오해받기 쉽기 때문이다.

③ 양복에는 흰 양말이 맞지 않는 차림이라 생각하므로 신지 않는다. 바지색에 맞춰서 양말을 신는다.

④ 외국인에게도 한국인과 같은 소통의 의미로서 자신이 마신 잔으로 외국인 친구에게 술을 권하는 것이 자연스러운 행동이다.

Answer_ 3. ④ 4. ① 5. ② 6. ③ 7. ② 8. ③ 9. ④

10. 다음 중 선물 주고받는 매너에 대한 설명이 맞지 않은 것은?

① 선물을 든 채 다른 집에 들르지 않는다.

② 선물과 동봉한 카드나 편지를 먼저 읽는다.

③ 선물을 받으면 바로 바닥에 내려놓는다.

④ 선물은 집안에 들어가 인사를 하면서 정중한 자세로 드린다.

11. 나라별 행동 문화 중 옳은 것은?

① 호주에서는 윙크하는 것이 우정을 표시하는 의미이기 때문에 남녀를 불문하여 친구 사이에서 윙크하는 것이 관례이다.

② 대만에서는 상내방을 향해 눈을 깜빡이는 것을 무례한 행동이라고 생각한다.

③ 페루에서는 눈썹을 올리는 것이 놀랄만한 일이라는 것을 나타낸다.

④ 엄지로 코 밀기 행동은 유럽에서 대단하다는 의미를 나타낸다.

12. 다음 중 의미 해석이 잘못된 것은?

① 귀 잡기를 잡는 행동은 인도에서는 후회한다는 의미를 나타낸다.

② 브라질에서는 엄지와 검지로 귀를 잡는 행동은 내용을 이해하고 있다는 의미이다.

③ 이탈리아에서는 뺨을 손가락으로 누르는 행동은 칭찬의 의미이다.

④ 콜롬비아에서는 코에 원을 그리는 행동은 다정한 충고를 의미한다.

13. 엄지와 중지로 원을 만드는 OK 사인에 대한 의미 중 맞지 않은 것은?

① 브라질에서는 최고라는 의미를 나타낸다.

② 한국에서는 '준비가 다 되었다. 좋다, 가능하다'의 뜻이다.

③ 일본에서는 '돈'의 의미를 나타내는 사인이다.

④ 프랑스 프로방스지방에서는 '일생에 도움이 안 되는 헛된 놈'의 의미이다.

14. V자 사인에 대한 의미와 맞지 않은 것은?

① 그리스인들은 손등을 바깥으로 보이면서 승리의 의미인 V자 사인을 한다.

② 호주인들은 손바닥을 바깥으로 해서 V자 사인을 하는 경우는 승리의 의미를 나타낸다.

③ 호주인들이 손등을 보이면서 V자 사인을 하는 것은 매우 심한 욕의 의미이다.

④ 영국과 프랑스인들은 손등을 바깥으로 보이면서 승리의 의미인 V자 사인을 한다.

15. 동양의 이문화 내용으로 맞지 않은 것은?

① 일본의 술 문화에서 함께 마시는 옆 사람의 술잔이 비어있으면 안 되는 것이다.

② 홍콩은 거리에 담배꽁초나 휴지 등을 버리면 6개월의 금고형이나 벌금 HK$ 50,000을 물어야 하므로 주의해야 한다.

③ 중국에서 남성이 함께 산책하자고 한다면, 데이트를 신청한다는 뜻이다.

④ 중국에서는 화장실 사용 시 문을 잠그고 사용해서는 안 된다.

16. 다음의 내용 중 옳지 않은 것은?

① 인도네시아의 발리를 방문할 때에는 모기향 및 모기 퇴치제를 꼭 가지고 가야한다. 방갈로 스타일의 숙박 시설에 묵을 경우 반드시 필요하다.

② 서구화되고 있는 베트남에서 여성이 서양 남자와 동행하는 것은 글로벌 마인드가 뛰어나다고 인정된다.

③ 인도네시아에서 왼손은 부정하다고 여기기 때문에 악수를 하거나 물건을 받을 때 오른손을 사용한다.

④ 인도네시아에서는 대화 중 허리에 손을 얹으면 안 된다. 그러면 화가 난 것으로 오해한다.

Answer_ 10. ③ 11. ① 12. ④ 13. ① 14. ④ 15. ④ 16. ②

17. 나라별 행동 문화의 해석에서 맞지 않은 것은?

① 중지를 내미는 행동은 서양에서는 외설적이고 부정적인 의미를 나타낸다.

② 상대방을 오라고 부를 때 서양인들은 손바닥을 위로 향해 손짓한다.

③ 로마인들은 중지를 행운의 손가락이라고 부른다.

④ 중동과 극동지역에서는 상대방을 오라고 부를 때 손바닥을 아래로 향해 손짓한다.

18. 국가별 인사법으로 맞지 않은 것은?

① 폴리네시안, 터키의 인사법은 뺨치기이다.

② 미국, 독일, 프랑스 등에서의 인사법은 악수이다.

③ 멕시코, 아르헨티나, 콜롬비아 등 중남미 나라의 인사법은 포옹 (아브라쏘)이다.

④ 아프리카 탄자니아의 마사이 한 부족은 침 뱉기를 인사법으로 사용한다.

19. 태국의 이문화와 맞지 않은 것은?

① 태국에서는 존경의 의미로 상대방의 머리에 손을 얹는다.

② 태국은 국왕을 모시는 국가이므로 왕과 왕비의 사진을 손가락으로 가리키면 안된다.

③ 태국은 우리나라와 차선도 반대이고 오토바이가 많아서 도로횡단에 주의하여야 한다.

④ 태국에서 여성이 스님 숙소에 출입해서는 안 된다.

20. 호주 문화권에 대한 설명에서 옳지 않은 것은?

① 호주에서는 손가락 V(브이)를 할 때 조심해야 한다.

② 호주에서는 손바닥을 바깥으로 해서 한 브이는 사진 찍을 때나 승리를 나타내는 victory의 의미로 쓰인다.

③ 호주에서는 손등을 바깥으로 한 브이는 서로 좋아한다는 의미다.

④ 호주에서는 손등을 바깥으로 한 브이는 아주 심한 욕이다.

21. 싱가포르의 이문화에 대한 설명으로 옳지 않은 것은?

① 싱가포르는 공공장소에서의 흡연이 금지되어 있다.

② 싱가포르는 도시 국가이기 때문에 대중교통 이용이 편리하며, 대중교통수단에서 음식을 먹으며 관광하는 것이 보편화되어 있다.

③ 화장실에서 용변 후 물을 내리지 않으면 $150, 두 번째 적발 시 $500, 세 번째 적발 시 $1,000을 내야 한다.

④ 싱가포르에서는 무단횡단은 $50, 거리에 쓰레기를 버리거나, 침을 뱉으면 $1,000의 벌금이 있다.

22. 나라별 행동 문화 중 옳은 것은?

① 피지에서 원주민 마을이나 현지인을 방문할 때는 반드시 모자를 벗어야 한다.

② 뉴질랜드는 밀수 및 마약 단속이 엄격하므로 타인의 소지품 등을 부탁받아 전수하는 것은 피할 수 있도록 한다.

③ 라오스의 꺼족 마을에서는 어린이들이 사진을 함께 찍는 것을 좋아한다. 사진을 함께 찍으면 영혼이 다시 살아난다고 믿기 때문이다.

④ 라오스에서는 만약 실수라도 꺼족 여인의 가슴이나 엉덩이에 손이 스치게 된다면 결혼을 해야 할 만큼의 의미를 지닌다.

23. 남미의 이문화와 맞지 않은 것은?

① 멕시코에서는 데킬라 술병 안에 든 오동통한 애벌레는 불운을 의미한다.

② 멕시코에서 데킬라 술병 안에 있는 애벌레는 바로 버려야 한다.

③ 브라질에서는 함부로 엄지와 검지를 맞대는 OK 사인을 하면 안 된다.

④ 브라질에서는 좋다는 의사 표현을 할 때 엄지를 치켜들어 따봉이라고 말한다.

Answer_ 17. ③ 18. ① 19. ① 20. ③ 21. ② 22. ③ 23. ②

24. 사이판의 이문화 설명으로 옳지 않은 것은?

① 사이판에서는 법보다 종족이 가까워서 원주민과의 불협화음으로 봉변을 당할 수 있다.

② 사이판의 산호나 소라 등은 유명한 관광기념품이므로, 귀국 시에 자연에서 채취한 산호, 소라 등은 귀한 선물이 될 수 있다.

③ 사이판 바닷가의 스톤피쉬는 독을 가지고 있어 쏘였을 경우 바로 병원으로 가야 한다.

④ 사이판 여행 시에는 여권 관리가 가장 중요하다. 한국인 여권은 타켓이 되기 쉽다.

25. 인도의 이문화 설명으로 옳지 않은 것은?

① 인도인들은 외국인들에게 매우 친절하여 관광객이 길을 물어보면 자세히 가르쳐준다.

② 인도에서는 왼손으로 밥을 먹거나 남을 가리키면 안 된다. 화장실에서만 사용한다.

③ 인도에서는 찢어진 지폐가 사용되지 않을 뿐만 아니라 찢어졌던 흔적이 있는 돈이 통용되지 않기 때문에 주의해야 한다.

④ 힌두 문화권에서는 쇠고기나 쇠고기 통조림 등을 먹지 않도록 한다.

26. 미국의 다양한 이문화 내용과 맞지 않은 것은?

① 미국에서는 동성끼리 손을 잡거나 팔짱을 끼는 것을 자연스럽게 생각하지 않는다.

② 미국에서는 택시 운전사 옆자리에 가급적 앉지 않는 것이 좋다.

③ 미국에서는 택시를 타면, 운전자 옆자리에 앉아서 운전사에게 먼저 인사를 건네는 것이 기본적인 매너이다.

④ 미국에서 동성끼리 팔짱을 끼거나 어깨동무하고 다니면 동성애자로 오해받기가 쉽다.

27. 이탈리아의 문화권에 대한 설명에서 옳지 않은 것은?

① 이탈리아는 소매치기 등이 많아서 지갑과 여권 등 귀중품 관리에 신경을 써야 한다.

② 관광명소가 많은 이탈리아에서는 관광객의 사진 촬영 부탁을 받은 현지인들이 친절하게 사진 촬영을 해준다.

③ 이탈리아의 바티칸 박물관 등의 주요 관광지를 여행할 때 여성은 소매가 없는 옷이나 짧은 치마를 입지 말아야 하고, 남자는 반바지 차림을 삼가야 한다.

④ 이탈리아에서는 박물관 등의 주요 관광지를 제외하고 여행객들이 옷차림에 자유롭다.

28. 사우디아라비아의 이문화와 맞지 않은 것은?

① 사우디아라비아에서는 이스라엘 관련 제품은 들여올 수 없기 때문에 짐을 쌀 때, 수하물이나 이사화물 등에 절대로 넣지 않는다.

② 여성은 외출 시 아바야를 착용하고 혼자 걷지 않는다.

③ 이슬람 종교사원인 모스크 출입은 하지 않는다. 대부분의 종교사원에는 이슬람교도 이외에는 입성이 불가하다.

④ 이슬람 국가이므로 휴일은 토요일이며 일주일은 일요일부터 시작된다.

29. 다음 중 오만의 이문화 내용이 아닌 것은?

① 오만에서 현지인들에게 술을 권하는 것은 금해야 한다.

② 오만에서는 공공장소에서의 흡연을 금해야 한다.

③ 오만에서는 현지 여성을 대상으로 사진촬영이 금기되고 있다.

④ 오만에서 도움을 받은 현지인들에게는 쇠고기나 돼지고기로 대접하는 것이 좋다.

Answer_ 24. ② 25. ① 26. ③ 27. ② 28. ④ 29. ④

30. 다음 중 내용이 맞지 않은 것은?

① 우루과이에서 특별한 일 없이 뛰어다니면 소매치기로 오해받을 수 있다.

② 아르헨티나에서는 반드시 물을 사서 마셔야 한다.

③ 우루과이에서는 주문을 재촉하면 결례이다.

④ 우루과이인들은 열정이 넘쳐서 행동이 빠르고, 사고가 적극적이다.

31. 파키스탄의 이문화 내용과 맞지 않은 것은?

① 파키스탄에서는 여성을 촬영하는 것은 피하는 것이 좋다.

② 파키스탄에서는 '브루카'라는 검정천을 두른 여성에게 사진을 찍자고 하면 좋아한다.

③ 파키스탄에서는혼자서 여행하는 것은 피하는 것이 좋다. 특히 여성은 남성을 동반하여 여행하는 것이 좋다.

④ 파키스탄에서는 종교적 발언을 삼가 하는 것이 좋다

32. 스페인의 이문화에 대한 설명으로 옳지 않은 것은?

① 스페인은 시에스타(SIESTA)라고 하여 사람들이 낮잠을 자는 관습이 있다.

② 시에스타의 시간은 오후 1시부터 4시까지이다.

③ 스페인의 관광지는 시에스타가 적용되지 않는다.

④ 스페인에서는 시에스타에 상점이나 사무실의 업무를 중단하고 잠을 잔다.

33. 다음 중 이문화 내용에 맞지 않은 것은?

① 불가리아에서는 머리를 끄덕이면 'NO', 가로저으면 'YES'라는 뜻이다.

② 옥수수가 주식인 페루에서는 옥수수를 매우 신성시한다.

③ 페루의 신은 옥수수 모양을 하고 있다.

④ 페루에서는 옥수수를 남기거나 흘리지 말아야 하지만, 식사하고 나서 배부른 경우에 한하여 남겨도 된다.

34. 이스라엘의 이문화에 맞지 않은 것은?

① 이스라엘에서는 안식일 아침에 식당도 열지 않기 때문에 호텔에서도 미리 저녁 식사를 부탁해놓아야 한다.

② 이스라엘은 토요일 오후부터 일요일까지인 안식일 기간을 철저하게 지킨다.

③ 이스라엘에서는 모스크나 Temple Mount에 갈 때 여자는 반드시 천으로 머리를 가린다.

④ 종교 복장을 하고 있는 사람들에게는 카메라를 들이대지 말고, 전통 복장을 한 사람들을 촬영하고 싶을 경우 반드시 허락을 받도록 한다.

35. 파라과이의 이문화 내용 중 맞지 않은 것은?

① 파라과이에서는 주인과 함께 식사할 때 손을 무릎 위에 두고 공손히 식사해야 한다.

② 파라과이에서는 여름에 낮이 길고 대단히 더워서 오후 1시부터 3시까지 낮잠을 잔다.

③ 파라과이의 여름 낮잠 시간에는 집을 방문하거나 전화하는 것이 결례이다.

④ 파라과이에서는 주인이 식사를 하기 전에 먼저 식사를 하는 것은 결례이다.

36. 인도인 고객을 응대하여 쇼핑서비스를 진행하는 과정이다. 직원이 권하는 제품에 대한 설명을 듣고 인도인 고객이 고개를 설레설레 좌우로 흔든다면 이것은 어떤 의미인가?

① 직원의 설명에 귀를 기울이고 있다는 의미

② 그 제품이 마음에 들지 않는다는 의미

③ 직원의 설명을 잘 못 알아듣겠다는 의미

④ 제품을 살지 말지 결정하지 못하고 망설인다는 의미

Answer_ 30. ④ 31. ② 32. ③ 33. ④ 34. ② 35. ① 36. ①

37. 러시아인 고객을 응대하여 쇼핑서비스를 진행하는 과정이다. 직원이 제품을 권하면서 엄지를 치켜세웠는데 러시아인 고객에게 이 행동을 어떤 의미로 받아들이는가?

① 내가 고른 물건이 최고라는 의미로 받아들인다.

② 직원이 고객을 최고라고 치켜세우는 것으로 받아들인다.

③ 고객이 고른 물건이 가장 비싸다는 의미로 받아들인다.

④ 직원이 고객에게 자신이 동성애자라는 것을 알리는 의미로 받아들인다.

38. 다음 이문화의 내용과 맞지 않은 것은?

① 외국인 고객에게 초면에 윙크하는 것은 오해를 살 수 있는 행동이므로 주의해야 한다.

② 터키에서 손가락으로 다른 사람을 가리키는 것은 매우 무례한 행동이다.

③ 독일인 고객을 응대할 때에는 최대한의 리액션과 칭찬이 필수적이다.

④ 터키 고객을 응대할 때에 상대방을 가리키는 경우, 손바닥을 펴서 이용해야 한다.

39. 아랍인 고객을 응대하여 쇼핑서비스를 진행하는 과정이다. 직원은 고객이 차고 있는 팔찌를 보면서 멋있다고 칭찬했다면, 아랍인 고객은 어떤 기분이 들 것으로 생각하는가?

① 자신이 팔찌가 멋있다는 것에 기분이 좋다.

② 팔찌가 얼마인지 알려줘야 할지 고민하게 된다.

③ 직원이 자신의 물건에 관심을 갖고 있다는 것에 부담스럽게 여긴다.

④ 자신에게 관심을 갖고 있는 직원에게 고마움을 느끼게 된다.

40. 무슬림 고객 응대하기 위해 알아야 할 사항으로 맞지 않은 것은?

① 무슬림에게 엄지손가락은 알라신에 대한 맹세를 뜻한다.

② 무슬림들은 사물이나 방향 등을 가리킬 때 엄지손가락을 쓴다.

③ 왼손은 부정한 손으로 여기기 때문에 음식을 먹을 때에도 오른손만 사용한다.

④ 고객에게 물건을 건넬 때 반드시 오른손을 사용한다.

41. 아르헨티나인 고객을 응대하여 쇼핑서비스를 할 때 주의해야 할 내용이 아닌 것은?

① 아르헨티나인들은 축구를 좋아하기 때문에 축구를 주제로 화제가 풍부해진다.

② 아르헨티나 인 고객에게 축구구단의 상징인 '주황색과 초록색'으로 매칭된 옷을 추천하지 않는다.

③ 아르헨티나 인 고객에게 '빨간색과 흰색'이 매칭된 옷은 추천하지 않는다.

④ 아르헨티나는 최대 축구 구단이 2개가 있어 이를 상징하는 색깔이 있다.

42. 다음 중 맞지 않은 것은?

① 이탈리아어로 할인한다는 의미를 '스콘토(sconto)'라고 하며, 구매자와 판매자 모두 흥정을 통해 물건 값이 얼마든지 조정될 수 있다는 사고방식을 가지고 있다.

② 이탈리아인 고객이 가격을 흥정하려고 한다면, 정찰제임을 확실하게 알리고 더 흥정하지 않도록 단호하게 대처해야 한다.

③ 이탈리아인들은 평소 매일 매일 필요한 양만큼만 구입하면서 장을 볼 때에 서로 가족의 근황 등 대화를 나누는 게 일상이다.

④ 이탈리아인 고객이 쇼핑을 할 때에는 흥정하는 것을 쇼핑의 기본이라고 생각한다.

43. 인도네시아 등의 무슬림 고객을 응대하여 쇼핑서비스를 하고 있는데, 직원이 허리에 손을 올리는 것을 보고, 무슬림 고객을 이 행동을 어떤 의미로 받아들이는가?

① 이 직원이 자신에게 서비스를 진행할 준비가 되어있다는 의미로 받아들인다.

② 이 직원이 현재 힘이 들거나 진이 빠져 있는 상태라고 생각한다.

③ 이 직원이 나에게 화가 났다고 생각한다.

④ 이 직원이 나에게 들어오라는 사인을 한다고 받아들인다.

Answer_ 37. ④ 38. ③ 39. ③ 40. ① 41. ② 42. ② 43. ③

44. 엄지손가락에 대한 국가별 해석으로 맞지 않은 것은?

① 우리나라에서는 고객을 응대하여 쇼핑서비스를 진행할 때 "손님에게 꼭 맞는 제품이네요"라고 하면서 보통 엄지를 치켜세운다.

② 그리스에서는 엄지를 치켜세우면 상대방을 모욕한다는 뜻으로 받아들인다.

③ 독일인들은 엄지를 치켜세우는 행동을 숫자 '5'의 의미로 받아들인다.

④ 호주에서는 엄지를 치켜세우는 행동을 '거절, 무례함'의 의미로 받아들인다.

45. 다음 중 글로벌 쇼핑서비스의 유용한 팁으로 맞지 않은 것은?

① 최일선에서 글로벌 고객을 반갑게 맞이하는 서비스인들은 자신의 얼굴이 대한민국의 얼굴임을 기억하고 사명감을 지녀야 한디.

② 외국인 고객이라 할지라도 자신의 매장에 없는 제품을 찾거나, 물건을 사지 않으면 더 이상 서비스할 이유가 없기 때문에 질문을 빨리 끊고, 다른 손님을 응대한다.

③ 여행 중에 옷의 단추가 뜯어지거나 옷에 문제가 생겨 옷을 사러 온 외국인 고객이 휴대용 반짇고리 세트를 사은품으로 받게 되면 무척 기억에 남을 것이다.

④ 처음 방문한 관광객을 배려하여 병원, 약국, 편의점 같은 편의시설과 현지인이 추천하는 맛집, 매장별 개성 아이템 등이 담긴 작은 약도를 준비해 보면 좋을 것이다.

46. 다음 중 내용이 맞지 않은 것은?

① 태국, 인도네시아 등 무슬림 국가에서는 머리를 굉장히 신성하게 여긴다.

② 무슬람 국가에서는 어린아이의 머리를 만지는 것을 매우 불쾌하게 여긴다.

③ 쇼핑을 나온 외국인들의 경우, 부모가 옆에 없는 어린이는 부모를 대신해서 아이를 봐주고, 부드럽게 쓰다듬어 주는 것이 좋다.

④ 아이와 함께 쇼핑하러 나온 외국인 가족을 응대하여 서비스할 때, 아이가 아무리 귀여워도 반드시 부모의 허락을 받고 만지는 것이 기본적인 매너이다.

47. 다음 중 아랍권 관광객 응대 시 주의사항이 아닌 것은?

① 아랍권 관광객을 응대할 때는 이들이 지닌 물건에 대해 과한 칭찬을 하지 않는다.

② 아랍권에는 '환대 문화'가 있어 상대방 소유물에 대해 지나친 관심을 보이면 안 된다.

③ 아랍권 여성관광객들은 화려하게 꾸미는 것을 좋아하기 때문에 쇼핑매장에 들어갔을 때 직원들이 자신의 패션, 악세사리 등에 대해 적극적으로 칭찬해주면 매우 좋아한다.

④ 아랍인 집에 방문했을 때 어떤 물건에 대해 거듭 칭찬하면 아랍인은 부담스러워 한다.

48. 다음 중 스페인의 이문화에 대해 맞지 않은 것은?

① 스페인은 유럽 국가 중에서도 예절과 격식을 중요하게 생각하는 나라

② 스페인 어린이들에게는 항상 상냥한 말씨로 호의를 표현하는 것이 좋다.

③ 어린아이만큼은 언제 어디서나 환영을 받는다.

④ 스페인에서는 공공장소의 예절을 중요하게 생각하기 때문에 식당에서 아이들이 시끄럽게 뛰어다는 것에 대해서는 엄격하게 교육시킨다.

49. 다음 중 내용이 맞지 않은 것은?

① 외국인 고객이 매장을 둘러보는 경우 직원은 손님이 이동하는 동선에 발맞추어 손님과 바짝 붙어서 밀착서비스를 진행한다.

② 과도하게 제품을 추천 것은 오히려 부담을 줄 경우가 많다.

③ 매장을 방문한 외국인 고객에게 반갑게 인사하고 도움이 필요한지 확인한다.

④ 외국인 고객이 쇼핑매장에 들어온 후에 혼자 천천히 생각하고 판단해서 구매할 수 있도록 배려해 줄 수 있어야 한다.

Answer_ 44. ③   45. ②   46. ③   47. ③   48. ④   49. ①

50. 다음 중 내용이 맞지 않은 것은?

① 해외직구 시, 꼭 필요한 것이 국가별 의류 사이즈 표이다.

② 우리나라를 방문한 외국인 관광객들도 쇼핑할 때 국가별 의류 사이즈가 필요하다.

③ 외국인 고객이 자신에 맞는 우리나라의 의류, 신발 사이즈를 사전에 알지 못하는 경우, 교환, 환불 등의 번거로움이 발생하기 때문에 적극적으로 판매를 진행하지 않는다.

④ 국가별 의류 사이즈 표는 관광객의 쇼핑도 돕고 매출에도 큰 도움이 될 것이다.

Answer_ 50. ③

04 면세판매 프로세스

01. 첫인상의 중요성에 대한 설명이 옳지 않은 것은?

① 직원은 고객이 매장에서 처음으로 만나는 사람이다.

② 직원의 이미지가 곧 매장과 브랜드 이미지와 직결될 수 없다.

③ 직원의 첫인상이 고객에게 인식이 되면 계속 강력한 영향력을 행사한다.

④ 지속적인 관계 형성 진행에 중요한 열쇠가 되기도 한다.

02. 고객의 기대 심리가 아닌 것은 ?

① 편안해지고 싶어 하며 기대와 욕구 수용을 원치 않는다.

② 모방하고 싶어 하며 손해 보기 싫어한다.

③ 관심을 끌고 싶어 하며 중요한 사람으로 인식되고 싶어 한다.

④ 자신이 기억되기를 바라고 환영받고 싶어 한다.

03. 좋은 인사의 5가지 포인트 중 다른 하나는?

① 인사말은 명랑하고 분명하게 한다.

② 표정은 밝게 한다.

③ 상대방의 눈과 코를 번갈아 바라본다.

④ T.P.O.에 맞춰서 한다.

Answer_ 1. ② 2. ① 3. ③

04. 고객을 맞이하는 마음가짐으로 옳지 않은 것은?

① 주인의식을 가지고 일에 임해야 한다.

② 모든 일에 조심하고 삼가는 마음을 가지도록 한다.

③ 고객의 입장에서 생각하고 감사하는 마음가짐으로 행동한다.

④ 고객과의 의사소통을 위해 고객에게 끊임없이 대화를 유도하며 신뢰감을 형성한다.

05. 고객을 맞이할 때의 기본자세에 속하지 않은 것은?

① 고객에 대한 말씨는 높임 말씨로 하고, 존대 어휘를 선택해서 쓴다.

② 고객의 직함을 알면 그 직함을 쓰되, 자기보다 상위직이면 그에 상응한 대우를 한다.

③ 고객의 얼굴과 성명 등 기본적인 사항을 습득해 두는 것은 실례이므로 주의하도록 한다.

④ 직장이나 사무실에 찾아온 손님은 불편이나 주저함이 없도록 인도 · 응대하고 최대의 편의를 제공한다.

06. 매장 방문고객을 맞이할 시 유의사항이 아닌 것은?

① 매장판매서비스 매뉴얼에 따라 매장 방문 고객에게 정중하게 인사한다.

② 매장판매서비스 매뉴얼에 따라 고객의 방문 목적을 파악한다.

③ 예약관리 대장에 따라 고객의 예약 여부를 확인한다.

④ 방문 목적에 따라 방문 고객을 안내할 수 없다.

07. 인사에 대한 설명으로 맞지 않은 것은?

① 인사는 사람 인(人)과 일 사(事)로 이루어진 단어이다,

② 사람이 마땅히 섬기면서 할 일을 다 하지 않는다.

③ 인간관계의 첫걸음으로 인사는 가장 기본적인 예의이다.

④ 서비스맨의 인사는 고객에 대한 봉사 정신의 표현이다.

08. 인사의 종류와 방법에 대한 설명이 맞게 연결된 것은?

① 목례(20°) - 좁은 장소, 화장실, 식당

② 정중례(30°) - 엘리베이터 안에서

③ 보통례(25°) - 기본적인 일반적 상황

④ 정중례(45°) - 정중히 사과 할 때

09. 목례를 해야 하는 상황으로 옳지 않은 것은?

① 인사 중 가장 가벼운 인사를 말한다.

② 눈으로 예의를 표시하며 허리를 약간 굽히거나 가볍게 머리를 숙인다.

③ 가볍게 머리를 숙이는 눈인사로 남자는 차려 자세

④ 여자는 손을 모아서 하복부쯤에 두고 밝은 표정으로 20°정도 굽힌다.

10. 보통례를 해야 하는 상황으로 옳지 않은 것은?

① 일상생활 중 어른이나 상사, 내방객을 맞을 때 하는 인사

② 상대를 향하여 허리를 45°정도 굽혀주는 인사다.

③ 전통 인사법의 평절에 가까운 인사로 가장 기본이 되는 인사다.

④ 남자는 양손을 바지 재봉 선에 대고 하며 여자는 공수 자세로 인사한다.

11. 정중례를 해야 하는 상황으로 옳은 것은?

① 감사나 사죄의 마음을 전하는 경우

② 90°정도 허리를 굽혀서 마음을 전하는 인사다.

③ 가장 가벼운 표현 인사

④ 가벼운 표정이나 입을 벌리고 웃는다.

Answer_ 4. ④ 5. ③ 6. ④ 7. ② 8. ④ 9. ④ 10. ② 11. ①

12. 인사 예절에서 잘못된 것은 ?

① 예의를 표시하며 허리를 약간 굽히거나 가볍게 머리를 숙이며 하는 인사

② 인사말이 분명치 않고 어물어물하며 하는 인사

③ 감사나 사죄의 마음을 전하며 하는 인사

④ 일상생활 중 어른이나 상사, 내방객을 맞을 때 하는 인사

13. 방문 고객을 맞이할 때 남성의 용모와 복장으로 맞지 않은 것은?

① 머리 손질은 잘 되어있는지 확인한다.

② 수염은 단정하게 깎는다.

③ 넥타이는 핀온 셔츠의 2-3번째 단추 사이에 위치하도록 한다.

④ 먼지나 얼룩이 묻지 않았는지 확인한다.

14. 방문 고객을 맞이할 때 여성의 용모와 복장으로 맞지 않은 것은?

① 앞머리는 눈을 가리지 않도록 한다.

② 상의는 먼지나 얼룩이 묻지 않았는지 확인한다.

③ 화장은 진하게 향수를 강하게 뿌린다.

④ 손톱은 너무 길지 않도록 한다.

15. 매장고객 응대의 대화법에 속하지 않은 것은?

① 삼창   ② 쿠션어

③ Yes, But화법   ④ 맞장구

16. 맞장구 중 정리하는 맞장구에 속하는 것은?

① 아~ 알 것 같아요.   ② 그래서요?

③ 정말이에요?   ④ 이러 저러 한 점이 포인트군요?

17. 고객맞이 인사예절에 맞지 않은 것은?

① 오래 기다리셨던 고객에게 먼저 양해의 인사를 한다.

② 정중례로 상체를 45도 정도 기울여 인사한다.

③ 고객과 아이컨텍 하며 자연스러운 미소를 짓는다.

④ 밝고 상냥한 목소리로 인사한다.

18. 매장 고객 방문의 응대예절 설명에 맞지 않은 것은?

① 안내 시 방향을 가리킬 때에는 손가락을 삼가고 손바닥을 보이며 정중히 안내한다.

② 상품을 손가락으로 가리킨다.

③ 시선은 늘 고객을 향해 있도록 한다.

④ 고객과 대화 시 밝은 표정과 목소리를 유지한다.

19. 고객 응대 시 소개하는 방법으로 옳지 않은 것은?

① 자기회사 사람을 먼저 소개한다.

② 상사에게 고객을 먼저 소개한다.

③ 소개자의 성명, 소속, 직책명 등을 간단명료하게 말한다.

④ 여성과 남성의 경우, 남성부터 소개한다.

20. 고객안내 예절 중 엘리베이터 이용 시 설명으로 옳지 않은 것은?

① 안내자가 없을 경우에는 탈 때 직원이 먼저 타 엘리베이터 앞에서 조작한다.

② 내릴 때는 고객이 먼저 내릴 수 있도록 한다.

③ 안내자가 있을 경우: 탈 때도 내릴 때도 직원이 먼저 내린다.

④ 안내자가 있을 경우: 탈 때도 내릴 때도 고객이 먼저 내린다.

Answer_ 12. ② 13. ③ 14. ③ 15. ① 16. ④ 17. ② 18. ② 19. ② 20. ③

21. 고객안내 예절 중 방향안내에 대한 설명으로 옳지 않은 것은?

① 손바닥을 위로 향하고 손가락을 붙이고 안내를 하며 오른쪽 방향을 가리키는 경우에는 오른손으로, 왼쪽 방향을 가리키는 경우는 왼손을 사용한다.

② 반대편 손의 위치는 아랫배 즈음에 놓는다.

③ 위치를 가리키거나 고객의 얘기를 들을 때에는 상체를 살짝 숙인다.

④ 가리키는 손은 상체의 높이 범위 밖에서 움직인다.

22. 고객안내 예절 중 계단안내에 대한 설명으로 옳지 않은 것은?

① 계단을 오르거나 내려가기 전에 고객이 당황하지 않도록 안내 '층'을 미리 안내한다.

② 계단을 오르내릴 때에는 고객이 손잡이를 잡고 걸을 수 있도록 한다.

③ 계단을 내려갈 때에는 앞에서, 올라갈 때에는 뒤에서 안내하도록 한다.

④ 여성고객이 치마를 입고 있어 불편할 경우에는 뒤에서 안내한다.

23. 고객의 니즈를 파악하기 위한 설명으로 옳지 않은 것은?

① 매장판매서비스 매뉴얼에 따라 수입하고자 하는 상품을 파악한다.

② 매장판매서비스 매뉴얼에 따라 고객의 구매 예상가격대를 파악한다.

③ 매장판매서비스 매뉴얼에 따라 고객의 기호를 파악한다.

④ 파악된 고객의 니즈에 따라 해당 상품 판매 가능 여부를 판별한다.

24. 예쁜 미소를 만들기 위한 방법으로 옳지 않은 것은?

① 눈과 입은 동시에 웃지 않도록 한다.

② 항상 의식적으로 양볼 입꼬리를 살짝 올려 긍정적 마음이라는 표현의 메시지를 보낸다.

③ 가장 멋진 표정일 때의 느낌을 떠올리며 매일 연습한다.

④ 거울을 보며 다양한 웃는 표정을 지어보고 그 중 가장 멋진 표정을 찾아낸다.

25. 고객이 구매결정을 못하는 주된 원인이 아닌 것은?

① 신제품인 경우

② 기술적으로 복잡한 제품인 경우

③ 저가격인 경우

④ 제품에 대한 정보가 부족한 경우

26. 고객의 니즈를 파악한 후 타협안을 제시할 때 방법 중 맞지 않은 것은?

① 선택의 폭을 줄여준다.

② 재고 관리 대장 내의 물품을 확인한다.

③ 고가의 상품임을 알려준다.

④ 비교할 수 있는 다른 대안을 보여준다.

27. 첫인상의 구성 비율에 대한 설명이 옳지 않은 것은?

① 첫인상에서 시각적 요소는 55%로 가장 큰 비중을 차지하고, 청각적 요소가 38%의 비중을 차지한다.

② 얼굴에서 첫인상에 대한 결정적 중요요소는 입술이며, 상대방에게 웃음 짓는 모습을 연출할 수 있기 때문이다.

③ 좋은 인상은 좋은 표정에서 만들어진다.

④ 밝은 표정은 고객에게 좋은 이미지를 심어준다.

28. 고객에게 판매 가능 여부를 파악하기 위한 SPIN질문기법에 맞지 않은 것은?

① 상황(Situation) 질문 ② 사업(project) 질문

③ 시사(Implication) 질문 ④ 필요충족(Needs-Payoff) 질문

Answer_ 21. ④ 22. ④ 23. ① 24. ① 25. ③ 26. ③ 27. ② 28. ②

29. 고객응대 시 바람직한 표정이 아닌 것은?

① 입 꼬리를 살짝 올리는 미소로 밝은 표정을 만든다.

② 고객의 미간을 바라보며 시선을 맞춘다.

③ 고객을 맞이할 때는 밝은 얼굴로 먼저 인사한다.

④ 고객이 부담스러워할 수 있으므로 눈을 맞추지 않고, 목례만 한다.

30. 고객 응대 시 주의해야 할 표정이 아닌 것은?

① 아래로 내려뜨는 눈매

② 아래위로 훑어보는 듯한 눈매

③ 상대방을 향해 시선을 맞추는 적극적인 표정

④ 미간을 찌푸리는 표정

31. 매장 방문고객을 맞이하기 위한 대기자세로 맞지 않는 것은?

① 바른 자세와 밝은 표정으로 고객이 들어오는 방향을 바라본다.

② 직원 간의 잡담, 짝다리를 하거나 기대서 서 있지 않도록 주의한다.

③ 여자는 왼손이 위로 향하도록 두 손을 포개어 단전에 자연스럽게 위치시키고, 발은 양쪽 발뒤꿈치를 붙인다.

④ 남자는 왼손이 위로 향하도록 두 손을 포개어 단전에 자연스럽게 위치시킨다.

32. 맞이인사와 어프로우치에 대한 설명으로 맞지 않은 것은?

① 고객에 대한 존경과 환영을 표현하는 정중한 인사는 고객만족과 감동을 유도하는 기본이다.

② 고객이 매장에 들어올 때, 자연스럽게 다가간다.

③ 고객의 구매결정을 돕는 방법은 직원의 친절한 안내이다.

④ 고객과 시선이 마주치거나 두리번거릴 때는 고객이 부담을 갖지 않도록 일부러 모르는 척 해준다.

33. 구매심리 8단계에 대한 설명으로 맞지 않은 것은?

① 고객이 기분 좋게 쇼핑할 수 있도록 하기 위해서는 구매심리 8단계에 대응해서 접객 판매를 추진하는 것이 효과적일 경우가 있다.

② 고객이 매장 앞이나 매장 내에서 진열된 상품을 응시하는 단계는 1단계인 주목 (Attention) 단계이다.

③ 상품에 대한 관심을 가지고 상품을 보다 자세하게 살펴보는 단계는 2단계인 흥미(Interest) 단계이다.

④ 3단계인 연상(Association) 단계에서 고객의 연상이 강할수록 구매 가능성이 낮아진다.

34. 소비자의 욕구와 구매 동기에 대한 내용 중 맞지 않은 것은?

① 소비자는 실제의 상태와 바람직한 상태의 차이를 인식하면 이 차이를 없애기 위해 욕구를 가지게 된다.

② 욕구를 인식하는 것이 긴장 해소를 위한 행동의 '동기'가 된다.

③ 소비자 행동에 판매서비스원의 권유와 같은 외부 자극은 아무런 영향을 주지 않는다.

④ 사람의 욕구는 소비 행동을 유발시키는 직접적인 동기이다.

35. 매슬로우의 욕구계층 이론의 단계별 설명으로 옳지 않은 것은?

① 이 이론의 2단계는 안전 욕구이다.

② 생리적 욕구, 안전 욕구가 충족되면 사랑과 소속감의 욕구인 사회성 욕구가 나타난다.

③ 이 이론의 5단계는 존경 욕구이다.

④ 존경 욕구가 방해받으면, 열등감이나 무력감 등에 빠지기 쉽다.

Answer_ 29. ④ 30. ③ 31. ③ 32. ④ 33. ④ 34. ③ 35. ③

36. 고객 심리를 이용한 판매 확정 내용으로 맞지 않은 것은?

① 한정 상품을 효과적으로 사용한다.

② 판매 확정에 따른 부가 혜택서비스를 설명한다.

③ 상품에 대한 고객 구매확정 의사를 확인한다.

④ 고객이 변심할 수 있으므로 구매의사가 확정되면 더 이상 질문을 하지 않는다.

37. 매슬로우의 욕구계층 이론에 대한 설명으로 맞지 않은 것은?

① 매슬로우는 인간의 욕구를 5가지의 욕구를 가지고 있다고 하였다.

② 매슬로우의 욕구이론에 의하면 인간의 욕구는 낮은 것부터 높은 것까지 순서가 정해져 있다.

③ 이 이론의 1단계는 생리적 욕구이다.

④ 어떤 한 욕구가 충족되면 그 욕구는 더 이상 동기를 유발하지 못하고, 상위의 욕구로 발전되지 못한다.

38. 판매 성공률을 높이는 상품제시 방법으로 맞지 않은 것은?

① 고객이 찾는 상품이 없을 경우 즉시 다른 매장을 안내한다.

② 상품 제시는 인사 후 서두르지 말고 고객의 반응에 맞춰 응대한다.

③ 관련된 할인 조건을 추가 설명하여 고객의 관심을 유도한다.

④ 고객의 구매 욕구를 높이기 위하여 프로모션 행사내용을 안내한다.

39. 매슬로우의 욕구계층 자아실현 욕구 설명으로 옳지 않은 것은?

① 이 이론의 가장 상위단계는 자아실현의 욕구이다.

② 자아실현의 욕구는 자신이 가진 능력이나 가능성을 최대한 발휘해서 자신이 될 수 있다고 생각하는 것을 이루려는 욕구이다

③ 모든 행동의 동기가 자아실현 욕구로 귀결된다고 할 수 있다.

④ 인간은 4가지의 욕구가 모두 충족되면, 자신에게 적합한 행동을 하지 않더라도 다시는 불만을 갖지 않게 된다.

40. 판매서비스원의 역할로 옳지 않은 것은?

① 판매서비스원은 고객에게 제품에 대한 전문적인 지식을 제공하여 고객의 의사
   결정을 쉽게 할 수 있도록 한다.

② 판매서비스원의 전문성과 소비자의 구매 의사결정은 관계가 없다.

③ 판매자와 구매자 간의 장기적인 인간적 상호 작용을 강조하는 전략을 관계 마케
   팅이라고 한다.

④ 판매서비스원은 매장 내에서 고객의 구매 활동을 가장 직접적으로 촉진하는 요
   소이다.

41. 다음 중 판매서비스의 내용으로 잘못된 것은?

① 고객이 기분 좋게 쇼핑할 수 있도록 하기 위해서는 구매심리 단계와는 관계없이
   고객에게 접근하지 않아야 한다.

② 고객은 친절한 종사원으로부터 적절한 어드바이스를 받도록 한다.

③ 구매심리의 주목, 흥미의 단계에서는 자유롭게 구애받지 않고 상품을 볼 수 있
   도록 한다.

④ 비교 검토의 단계에서는 타이밍을 맞추어 접근하여 적절한 어드바이스를 한다.

42. 다음 구매심리 단계 중 그 내용이 옳지 않은 것은?

① 욕망이 커질수록 최고의 상품을 선택하고 싶어 하는 단계를 욕망(Desire) 단계라
   고 한다.

② 비교검토(Comparison) 단계에서 아직 종사원의 역할이 중요하게 작용되지 않는다.

③ 고객이 상품대금을 지불함으로써 판매는 종결되며, 이를 8단계 만족(Satisfaction)
   단계라고 한다.

④ 확신(Confidence) 단계에서 고객은 니즈에 만족할 만하다고 확신하기 시작하면 선
   택한 상품을 결정하고 구매행동으로 옮긴다.

Answer_ 36. ④ 37. ④ 38. ① 39. ④ 40. ② 41. ① 42. ②

43. 상품 위치 안내 서비스로 맞지 않은 것은?

① 고객의 선호품목을 전혀 모를 경우는 부담을 주지 않기 위해 서비스를 진행하지
않는다.

② 고객에게 층별 안내, 대략적인 품목별 위치 등을 소개한다.

③ 응대 멘트 사례로서 "천천히 둘러보시고 필요한 것이 있으면 언제든지 불러주세
요."가 적절하다.

④ 친절하고 정확하게 상품의 위치를 소개한다.

44. 다음 구매심리 단계 순서가 올바른 것은?

① 욕망(Desire)단계 → 연상(Association)단계 → 흥미(Interest)단계 → 주목(Attention) 단세

② 비교검토(Comparison)단계 → 확신(Confidence)단계 → 행동(Action)단계 → 만족(Satisfac-
tion) 단계

③ 흥미(Interest)단계 → 욕망(Desire)단계 → 연상(Association)단계 → 주목(Attention) 단계

④ 확신(Confidence)단계 → 행동(Action)단계 → 비교검토(Comparison)단계 → 만족(Satisfac-
tion)단계

45. 결제 단계에서 고객의 신뢰감을 높이는 행동으로 옳지 않은 것은?

① 구매 시 혜택에 대해 소개한다.

② 고객에게 부담이 될 수 있으므로 가격에 대한 질문은 하지 않는다.

③ 고객을 위하여 포인트, 할인카드, 무이자 혜택 등을 확인한다.

④ 결제 방법, 지불 수단, 기간 등 결제와 관련한 사항을 재차 확인한다.

46. 결제서비스 응대멘트에 대한 설명으로 옳지 않은 것은?

① "결제내역 확인하겠습니다. OOOO을 구입하셔서 OO원입니다."

② "더 필요한 것은 없으시나요?"

③ "면세제품은 교환과 환불이 불가하니 신중히 구매해주세요."

④ "카드와 영수증은 여기 있습니다."

47. 포장 단계에서 고객의 신뢰감을 높이는 행동으로 옳지 않은 것은?

① 포장 상품의 수량 및 내용물을 고객과 재확인한다.

② 고객에게 포장의 정성이 전달되도록 한다.

③ 포장을 꼼꼼하게 하는 것이 고객을 기다리게 하는 것보다 중요하다.

④ 취급 주의 상품은 주의하도록 안내한다.

48. 재방문율을 높이는 환송서비스에 대한 설명으로 옳지 않은 것은?

① 계산 시 물건을 확인하고 부가세 환급이 가능한 제품은 적극적으로 서류 작성을 돕는다.

② 고객이 구매를 마치고 계산을 하면, 더 이상 주의를 기울이지 않아도 된다.

③ 액체류 반입금지 규정 등을 감안하여 고객에게 안내한다.

④ 구매상품에 대한 감사의 마음을 전한다.

49. 환송서비스에 내용으로 맞지 않은 것은?

① 판매사원의 동작, 표정, 언어는 끝까지 정중하게 한다.

② 출구까지 나가서 환송 인사를 한다.

③ 고객이 매장을 나갈 때까지 서비스를 한다.

④ 구매를 하지 않은 고객에게는 환송서비스를 하지 않는다.

50. 다음 중 면세판매 프로세스의 대표적인 4가지 단계로 맞지 않은 것은?

① 방문고객 맞이하기   ② 고객유형 파악하기

③ 상품 설명하기   ④ 판매 확정하기

Answer_ 43. ①   44. ②   45. ②   46. ③   47. ③   48. ②   49. ④   50. ②

Appendix

01 글로벌면세서비스사(GDFS)
자격증 시행 규정

글로벌면세서비스사^(GDFS) 자격증 관리·운영 규정

(제정일: 2019년 09월 26일)

제1장 총 칙

제1조(목적 및 의의)

① 이 규정은 (사)한국여행서비스교육협회(이하 "협회"라 한다)에서 글로벌면세서비스사(GDFS) 자격증 제도를 시행하기 위하여 필요한 사항에 대하여 규정함을 목적으로 한다.

② 글로벌면세서비스사(GDFS) 자격검정은 글로벌 면세산업에 대한 이해를 바탕으로 면세상품의 관리 및 판매 프로세스 전반에 대한 전문지식을 겸비하여 글로벌 면세산업 현장에서 최상의 면세서비스를 제공할 수 있는 수행 능력을 "협회" 주관으로 평가하는 것이다.

제2조(용어의 정의) 이 규정에서 사용하는 용어의 정의는 다음과 같다.

1. "시험위원"이라 함은 출제위원, 감수위원, 본부위원, 책임관리위원, 보조위원, 필기검정 감독위원, 복도감독위원, 방송통제위원, 채점위원, 독찰위원을 말한다.

2. "답안지"라 함은 검정 시행종목 중 수작업에 의하여 채점되는 필기검정 답안지 (주관식 시험문제지 포함) 및 시험 시행 시 순수 필답형으로 시행하는 종목의 답안지를 말한다.

3. "비번호"라 함은 답안지 채점의 공정을 기하기 위하여 답안지 및 작품이 어느 수

험자의 것인가를 알지 못하도록 답안지 숫자 또는 문자로 표시하는 비밀부호를 말한다.

제 3 조(적용대상) 이 규정은 검정을 시행하는 "협회" 소속 직원과 검정 관련업무 종사자 (시험위원 등) 및 기타 검정업무와 관련이 있는 자(수험자 등)에게 적용한다.

제 2 장 업무구분

제 4 조(검정업무의 구분)

① "협회"는 자격증의 검정업무 전반을 주관·시행하며, 다음 각 호의 업무를 수행한다.

1. 검정시행계획의 수립 및 공고에 관한 사항
2. 검정 출제기준의 작성 및 변경에 관한 사항
3. 검정업무의 기획, 제도개선에 관한 사항
4. 시험위원의 위촉, 활용에 관한 사항
5. 검정 시험문제의 출제·관리 및 인쇄·운송에 관한 사항
6. 필기검정 답안지의 채점 및 합격자 사정에 관한 사항
7. 합격자 관리 및 자격수첩 발급·관리에 관한 사항
8. 검정사업 일반회계 운영에 관한 사항
9. 기타 자격증 업무와 관련된 사항

② 시행 주관팀(부)에서는 다음 각호의 업무를 수행한다.

1. 수험원서 교부, 접수, 수험연명부 작성 및 안내에 관한 사항
2. 검정 세부실시계획 수립 및 운영에 관한 사항
3. 검정집행업무(시험장 준비, 시험위원 배치, 시험시행 등)와 관련된 사항
4. 합격자 명단 게시공고 및 자격수첩 교부에 관한 사항
5. 시험위원 추천 및 위촉업무에 관한 사항
6. 부정행위자 처리에 관한 사항

7. 검정수수료 수납에 관한 사항

8. 기타 검정사업의 집행업무와 관련된 사항

제 3 장 검정기준 및 방법

제 5 조(자격증의 취득) 본 "협회"의 자격증을 취득하고자 하는 자는 시험에 응시하여 합격하여야 한다.

제 6 조(자격종목) 자격의 종목은 1 종목으로 하며 종목명은 "글로벌면세서비스사(GDFS)" 이다.

제 7 조(자격소지자의 직무내용)

① 글로벌면세서비스사자격증은 면세점 업무에 대한 지식 및 활용능력으로 면세점 판매 분야의 판매 업무를 수행하는 것을 직무내용으로 한다.

② 등급별 직무내용은 다음과 같다.

자격명	등급	등급별 직무내용
글로벌면세서비스사 (GDFS)	1급	• 면세판매 기본 법규를 숙지하고 최상의 글로벌 서비스매너를 몸에 익혀, 각 국가별 고객에게 맞춤형 면세판매 서비스를 제공한다. • 면세 상품 관리 책임자로서 각 해당 국가별 고객에게 적확한 판매 전략을 세워 판매수익을 증대시킨다.
	2급	• 면세판매 기본 법규를 숙지하고 최상의 글로벌 서비스매너를 몸에 익혀, 관리 책임자의 지시에 따라 각 국가별 고객에게 맞춤형 면세판매 업무를 수행 한다.

제 8 조(검정의 기준) 검정의 기준은 다음과 같다.

자격 종목	등급	검정 기준
글로벌면세서비스사 (GDFS)	1급	• 전문적인 면세서비스 수행능력과 고급 외국어 구사능력을 구비하여 면세산업 현장에서 최상급 수준의 업무를 수행할 수 있는 수준
	2급	• 준전문가 수준의 면세서비스 수행 능력을 구비하여 면세산업에서 상급 수준의 업무를 수행할 수 있는 수준

제 9 조(검정의 방법)

① 검정은 필기시험의 방법은 다음과 같다.

1. 등급별 필기시험 시험과목, 문항 수, 시험형태 및 시험시간은 다음과 같다.

등급	시험과목	문항 수	시험형태	시험시간
1급	면세산업의 이해	60	4지선다 및 5지선다 객관식	50분
	면세상품관리			
	고객응대			
	글로벌 판매전략			
2급	면세산업의 이해	60	4지선다 및 5지선다 객관식	50분
	면세상품관리			
	고객응대			
	글로벌 판매전략			

2. 필기시험 검정장은 협회가 지정한 곳에서 실시한다.

제10조(응시자격)

① 글로벌면세서비스사(GDFS)자격검정 응시자격은 다음과 같다.

등급	시험구분	응 시 자 격	외국어 자격 기준		
1급	필기	• 대한민국 국민 또는 외국인 • 관련 직무분야 3년 이상 실무에 종사한 자 • 글로벌면세서비스사(GDFS) 2급 자격증을 취득하고 관련 직무 분야에서 1년 이상 실무에 종사한 자	영 어	TOEIC 500점, IBT 60점 이상	
			중국어	新HSK4급, 新CPT500점 이상	
			일본어	JPT 525, JLPT 신N2 이상	
			• 어학성적: 접수마감일기준 2년 이내		
2급	필기	대한민국 국민 또는 외국인	영 어	TOEIC 450점, IBT 50점 이상	
			중국어	新HSK3급, 新CPT350점 이상	
			일본어	JPT 430, JLPT 신N3 이상	
			• 어학성적: 접수마감일기준 2년 이내		

제11조(합격결정 기준)

① 글로벌면세서비스사(GDFS) 자격검정 합격결정 기준은 다음과 같다.

등급	시험구분	합격결정 기준(100점 만점 기준)
1급	필기	평균 80점 이상
2급	필기	평균 70점 이상

제 4 장 수험원서

제12조(검정안내)

① "협회"는 검정의 종목, 수험자격, 제출서류, 검정방법, 시험과목, 검정일시, 검정장소 및 수험자 유의사항 등을 포함한 검정안내서를 작성 배포할 수 있다.

② "협회"의 모든 직원들은 수험자로부터 검정시행에 관한 문의가 있을 때에 이에 성실히 응답하여야 한다.

제13조(수험원서 등)

시험에 응시하고자 하는 자는 수험원서 및 응시자격 관련서류를 제출하여야 한다.

제14조(원서교부)

① 수험원서(이하 "원서"라 한다)는 공휴일 및 행사일을 제외하고는 연중 교부한다.

② 원서는 1인 1매씩 교부함을 원칙으로 하되, 단체교부도 할 수 있다.

제15조(원서접수)

① 원서접수, 검정수수료(이하 "수수료"라 한다) 수납업무는 복무규정의 근무시간 내에 한함을 원칙으로 한다.

② 원서는 주관팀 및 "협회"에서 접수함을 원칙으로 한다. 또한, 필요한 경우에는 "협회"에서 지정된 기관에서도 원서를 접수할 수 있다.

③ 우편접수는 접수마감일까지 도착분에 한하며, 반신용 봉투(등기요금 해당 우표 첨부, 주소기재 등) 1매를 동봉한 것에 한한다.

④ 수험표는 원서접수 시에 교부한다. 다만, 우편접수자에게는 우편으로 우송 할 수 있고, 단체접수자는 접수종료 후 접수기관을 통해 교부할 수 있다.

⑤ 원서접수 담당자는 원서기재 사항 및 응시자격 관련서류를 확인하고 접수받아야 한다.

제16조(수험번호 부여)

원서접수에 따른 수험번호 부여는 지역 또는 기관별로 지정된 수험번호 부여기준에 따라 부여하여야 한다.

제17조(수수료)

① 검정을 받고자 하는 자는 수수료를 납부하여야 한다.

② 검정을 받고자 하는 자가 이미 납부한 수수료는 과오납한 경우를 제외하고는 이를 반환하지 아니한다.

③ 수수료는 현금으로 수납함을 원칙으로 한다. 단, 우편환 증서, 자기앞 수표는 현금으로 간주한다.

④ 수수료는 원서접수 시에 수납함을 원칙으로 한다. 단, 마감일에 수납된 수수료는 마감일로부터 5일내에 예입한다.

⑤ 마감 후에 수납된 현금은 금고에 보관하고 은행에 예입할 때까지 필요한 조치를 취해야 한다.

⑥ 수수료에 대한 영수증은 별도 발급하지 않고 수험표로 이를 갈음한다. 단, 단체접수의 경우에는 수납총액이 기재된 단체접수 영수증을 발급할 수 있다.

⑦ 검정수수료는 협회 홈페이지에 별도 고시한다.

제18조(접수현황 및 수험자 파일보고)

① 주관팀은 원서접수 마감 종료 후 종목별 접수 현황, 검정 수수료 내역 등을 "협회"로 제출하여야 한다.

② 주관팀은 원서접수 마감일로부터 5일 이내에 수험 연명부, 필기시험 면제자 명단 등 수험자 파일을 "협회"로 제출하여야 한다.

제19조(검정시행자료 등의 준비)

① "협회"는 시험실배치 계획표, 좌석 배치표, 수험자 명단 등의 시행 자료를 발행해야 한다.

제 5 장 검정시행 준비

제20조(수험사항 공고 및 통지)

주관팀은 시행 자격종목, 시험일시, 수험자 지참물 등에 대해 수험원서 접수 시 사전공고 및 수험표에 기재하여 통보하고, 사전공고가 불가능한 때에는 원서접수 시에 게시 안내하여야 한다.

제21조(시험장 준비)

① 시험장책임자는 주관팀으로 하며 책임관리위원은 "협회"회원으로 한다.

② 시험장 책임자는 당해 종목시행에 적합한 시설, 장비 등을 사전에 점검하여 시험 시행에 지장이 없도록 다음 사항의 이상 유무를 확인하여야 한다.

1. 필기시험장은 필기시험 시행에 적합한 책상과 의자가 갖춰진 시험장

제22조(시험본부 설치운영)

주관팀은 검정시행업무를 총괄 지휘하기 위하여 자체 운영에 필요한 시험본부를 설치·운영하여야 한다.

제 6 장 출제 및 감수

제23조(출제 및 감수위원 위촉)

① 시험문제를 출제할 때에는 출제위원을 위촉한다.

② 출제 후 감수위원의 검토를 받는다.

③ 시험문제의 출제는 보안을 철저히 유지하도록 하여야 한다.

제24조(출제 및 감수위원 위촉기준)

① 출제위원 또는 감수위원의 위촉기준은 다음과 같다.

　1. 해당 분야 10년 이상 관련업무 경력자

　2. 대학교 또는 전문대학에서 해당 분야 조교수 이상 근무 경력자

제25조(시험문제 원고의 인수, 보관, 관리 등)

① 시험문제의 사전유출을 방지하기 위하여 "협회"사무국장은 시험문제의 인수, 보관, 관리 등에 대한 지휘·감독의 책임을 지고 보안유지에 최선의 노력을 다하여야 한다.

② 담당팀장은 실무자급으로 시험문제 관리담당자를 지정할 수 있다.

③ 시험문제 관리담당자는 출제위원으로부터 시험문제 원고를 인수한 즉시 출제된 문제가 출제 의뢰한 사항과 일치하는지의 여부를 확인하고 동 시험문제를 봉인한다.

④ 시험문제는 제한구역에 보관하며, 열쇠는 담당팀장이 보관하고, 동 제한구역의 개폐는 담당팀장 또는 시험문제 관리담당자만이 할 수 있다.

제26조(시험문제의 감수)

① 시험문제의 감수는 "협회"가 지정한 장소에서 시험문제 관리담당자 또는 담당팀장이 지정한 직원의 입회하에 수행되어야 한다.

② 시험문제 감수는 종목별 또는 과목별로 시행하되, 시험문제 출제직후에 감수함을 원칙으로 하며, 필요에 따라 시험 직전에 재감수할 수 있다.

제 7 장 시험문제 인쇄 및 운송

제27조(시험문제 인쇄)

① 시험문제 인쇄는 "협회"내의 관련업무 종사자 또는 담당팀장이 지정한 직원이 수행하여야 하며, 업무의 분량에 따라 인쇄업무 보조요원을 쓸 수 있다.

② 시험문제 인쇄는 "협회"가 지정한 보안시설을 갖춘 곳에서 소정의 절차에 따라 실시하여야 한다.

③ 시험문제 인쇄 시에는 출입문과 창문을 봉쇄한 후 관계자 외에는 출입을 통제하여야 한다.

제28조(시험문제지 운송 및 보관)

① "협회" 검정시행 담당팀장은 문제지 운반 시 운반책임자를 지정하여야 한다.

② "협회"에서 해당 시험장까지 문제지 운반 책임자로 지정된 자는 담당팀장으로부터 문제지를 인수받아 해당 시험장 책임관리위원에게 직접 인계하여야 하며, 문제지 인계 및 인수사항을 기록하여 담당팀장에게 제출하여야 한다.

③ 시행 주관팀에서는 문제지를 인수받은 즉시 시험문제가 들어있는 행낭의 봉인상태 이상 유무를 확인하고 "협회"에 즉시 유선으로 이상 유무를 보고하여야 한다.

④ 시행 주관팀은 "협회"로부터 시험 문제지를 인수 받은 시점부터 시험문제지 유출방지 및 훼손예방 등에 책임을 지고 시험문제에 대한 보안 및 안전관리에 최선을 다하여야 한다.

⑤ 문제지 봉투는 시험시작 시간 이전에는 여하한 이유로도 개봉할 수 없다.

제 8 장 검정시행

제29조(검정시행 총괄)

시험장의 책임자는 시험 시행 전에 관리위원회를 개최하여 시험본부를 운영하고, 책임관리위원은 시험위원을 지휘, 감독하며 시험위원회의, 평가회의 주관 등 시험 집행 및 시험관리 업무를 총괄하여야 한다.

제30조(시험위원 기술회의) 책임관리위원은 시험시행 전에 시험위원회의를 개최, 다음사항을 주지시켜야 한다.

1. 필기시험에 있어서는 문제지와 답안지의 배부 및 회수방법, 답안지 작성방법, 부정행위자 처리요령 등 감독상 유의사항

제31조(수험자교육)

① 감독위원(심사위원)은 배치된 시험실에 입장하여 수험자 유의사항, 시험시간, 시험

진행요령, 부정행위에 대한 처벌 및 답안지 작성요령 등을 주지시켜야 한다.

② 감독위원(심사위원)은 수험자에게 지정한 필기구 이외의 사용을 금지시켜야 한다.

제32조(수험자 확인) 감독위원(심사위원)은 필기시험에 있어서는 매 시험시간마다 주민등록증 또는 기타 신분증과 수험표를 대조하여 수험자의 본인여부를 확인하여야 한다.

제33조(시험감독 배치 및 문제지 배부)

① 필기시험 감독위원 배치는 다음과 같이 배치한다.

구 분	시험위원	위촉 인원	비 고
필기시험	정감독위원	1명 이상	시험실당
	부감독위원	1명 이상	

② 필기시험 문제지는 시험시작 5분전 예령과 동시에 배부하고, 시험개시 본령과 동시에 수험토록 하며, 답안지 작성이 끝난 수험자의 답안지와 문제지를 회수 확인한 후 퇴실시켜야 한다.

제34조(답안지)

필기시험 감독위원은 시험시간이 종료되면 답안지 봉투 표지에 수험 현황을 기재하고, 감독위원(심사위원)의 성명을 기입, 날인 또는 서명한 다음 감독위원(심사위원)이 본부위원의 확인을 받은 후 수험자 인적사항이 노출되지 않도록 봉인하여 시험본부에 제출하여야 한다.

제35조(문제지 회수)

본부위원은 필기시험 종료 즉시 감독위원으로부터 문제지와 답안지 및 사무용품 등을 확인하고 회수하여야 한다.

제36조(시험시행 결과보고)

책임관리위원은 시험 종료 후 그 결과를 "협회"에 보고하여야 한다. 이 경우 시험 진행 중 이상이 발생하였을 때에는 그 내용을 구체적으로 유선보고하고 차후 서면보고 하여야 한다.

제 9 장 시험위원의 위촉 및 임무

제37조(시험위원의 임무)

① 시험위원의 임무는 다음과 같다.

1. "독찰위원"은 독찰을 위하여 특별히 부여된 업무수행과 시험위원의 근무상태 및 시험장의 상황 등을 확인한다.
2. "책임관리위원 "은 시험장 시설, 장비의 전반적인 책임을 담당하는 자로서 시험장의 시설, 장비 등의 관리와 안전관리 등 전반적인 관리업무를 담당한다.
3. "시험감독위원(심사위원)"은 수험자 교육, 시험문제지, 답안지의 배부 및 회수, 시험질서 유지, 부정행위의 예방과 적발 및 처리 업무를 담당한다.
4. "복도감독위원(심사위원)"은 시험장 복도 질서유지, 시험실내의 수검자를 측면에서 감독하는 업무를 담당한다.
5. "보조위원 "은 시험준비 및 시험집행을 보조하는 업무를 담당한다.
6. "시설관리위원"은 시험장 시설, 장비의 준비, 동력, 통신, 시험장 점검을 담당한다.

② 시험위원으로 위촉된 자에 대하여는 소정의 서약서를 징구하여야 한다.

제38조("협회"위원의 임무 등)

① "협회"위원의 임무는 다음과 같다.

1. "협회"로부터 검정시행 시험장까지 시험문제지 및 답안지 운반
2. 시험 진행상태 점검
3. 서약서 징구 및 수당지급
4. 책임관리위원의 시험위원 회의 지원
5. 시험문제지 및 답안지 회수 수량 확인
6. 회수한 답안지를 "협회"로 운반

제10장 검정 채점

제39조(필기 답안지 인계)

① 본부위원은 시험 종료 후 회수한 답안지의 봉인상태 확인 후 "협회"로 인계하여야

한다.

② 답안지는 감독위원(심사위원)이 봉인한 상태로 인계하여야 한다.

제40조(필기시험 정답교부)

① 검정사업단 검정업무 담당자는 필기시험의 정답이 표시된 정답표를 작성하여 이를 봉인 후 보안시설이 갖추어진 장소에 보관하여야 한다.

② 정답표는 채점 개시일에 채점위원이 보는 앞에서 개봉한 후 채점위원에게 인계한다.

제41조(채점 과정)

① 필기시험의 객관식 채점은 전산 채점을 실시하며, 수동식 채점을 할 경우에는 답안지의 수험자 인적사항이 봉인된 상태에서 진행하여야 한다.

② 답안지 채점은 종목별 또는 지역(기관)별로 분류 채점하여야 한다.

제42조(답안지 관리) 필기시험의 답안지(검정 관련 서류 포함)는 최종합격자 발표일로부터 6개월간 보관한다.

제 11 장 합격자 공고 및 자격증 교부

제43조(합격자 공고)

① 대표(협회장)은 검정종료 후 14일 이내에 합격자를 공고하여야 한다.

② 합격자를 공고할 때에는 협회 홈페이지에 이를 게시하여야 한다.

제44조(자격증 교부)

① 최종합격자 중 신청자에 한하여 자격증을 교부한다.

제12장 부정행위자 처리

제45조(부정행위자의 기준)

① 시험에 응시한 자가 그 검정에 관하여 부정행위를 했을 때에는 당해 연도의 검정을 중지 또는 무효로 하고 3년간 검정을 받을 수 있는 자격이 정지되며, 부정행위

를 한 자라 함은 다음에 해당하는 자를 말한다.

1. 시험 중 시험과 관련된 대화를 하는 자

2. 답안지를 교환하는 자

3. 시험 중에 다른 수험자의 답안지 또는 문제지를 엿보고 자신의 답안지를 작성한 자

4. 다른 수험자에게 답안 등을 알려주거나 엿보게 하는 자

5. 시험 중 시험문제 내용과 관련된 물건을 휴대하여 사용하거나 이를 주고받는 자

6. 시험장 내외의 자로부터 도움을 받아 답안지를 작성한 자

7. 사전에 시험문제를 알고 시험을 치른 자

8. 다른 수험자와 성명 또는 수험번호를 바꾸어 제출한 자

9. 대리시험을 치른 자 및 치르게 한 자

10. 기타 부정 또는 불공정한 방법으로 시험을 치른 자

② 시험감독위원(심사위원)은 부정행위자를 적발한 때에는 즉시 수검행위를 중지시키고, 부정행위자로부터 그 사실을 확인하고 서명 또는 날인된 확인서를 받아야 한다. 만일 그가 확인 및 날인 등을 거부할 경우에는 감독위원이 확인서를 작성하여 이에 날인 등의 거부사실을 부기하고 입증자료를 첨부하여 서명 또는 날인한 후 책임관리위원에게 제출하여야 한다.

제46조(부정행위자 처리)

① 책임관리위원은 시험감독위원으로부터 부정행위자 적발 보고를 받았을 때에는 시험 종료 즉시 관계 증빙 등을 검토하여 부정행위자로 처리하고 수검자에게 응시제재 내용 등을 통보하는 한편 그 결과를 검정 종료 후 "협회"에 보고하여야 한다.

② 책임관리위원은 부정행위 사실 인증을 판단하기가 극히 곤란한 사항은 관계 증빙 서류를 첨부하여 "협회"사무국에게 보고하여 그 결정에 따라 처리한다.

제47조(사후적발 처리)

① 수험자 간에 성명, 수험번호 등을 바꾸어 답안을 표시 제출 한 때에는 당사자를 모두 부정행위자로 처리한다.

② 타인의 시험을 방해할 목적으로 수험번호 또는 성명 표시란에 타인의 수험번호 또는 성명을 기입하였음이 입증되었을 때에는 행위자만을 부정행위자로 처리한다.

③ 책임관리위원은 부정행위 사실이 사후에 적발되었을 경우에는 적발된 자료를 증거로 하여 부정행위자로 처리하고, 해당 수험자에게 응시자격 제재 내용을 통보하여야 한다.

제48조(시험장 질서유지 등)

감독위원(심사위원)은 시험장 질서유지를 위하여 다음에 해당하는 행위를 하는 수험자에 대하여는 시험을 중지시키고 퇴장시킬 수 있다.

1. 시험실을 소란하게 하거나, 타인의 수험행위를 방해하는 행위
2. 시험실(장)내의 각종 시설, 장비 등을 파괴, 손괴, 오손하는 행위
3. 검정시설, 장비 또는 공구사용법 미숙으로 기물 손괴 또는 사고우려가 예상되는 자
4. 기타 시험실의 질서유지를 위하여 퇴장시킬 필요가 있거나 또는 응시행위를 중지시킬 필요가 있다고 인정되는 행위

제 13 장 보 칙

제49조(업무편람 작성, 비치)

검정업무 수행에 따른 세부적인 업무처리기준, 처리과정, 구비서류, 서식 등을 구분 명시한 자격증 업무편람을 작성, 비치하여 활용한다.

부 칙

제1조(시행일) 이 규정은 제정한 날로부터 시행한다.

제2조(경과조치) 이 규정의 시행 이전에 시행된 사항에 관하여는 이 규정에 의하여 시행된 것으로 본다.

02 면세점 주소 및 연락처

면세점	점구분	법령구분	지역	면세점 주소	전화번호
롯데면세점	명동본점	시내	서울	서울특별시 중구 을지로 30 롯데백화점 본점(소공점) 9-12층	02-759-6600~2
롯데면세점	코엑스점	시내	서울	서울특별시 강남구 봉은사로 524, 코엑스 인터컨티넨탈호텔 B1~B2층, 2~3층.	02-3484-9600
롯데면세점	월드타워점	시내	서울	서울특별시 송파구 올림픽로 300, 롯데월드몰 에비뉴엘동 8F, 9F.	02-3213-3800
롯데면세점	부산점	시내	부산	부산광역시 부산진구 가야대로 772 롯데백화점 부산점 7-8층.	051-810-3880
롯데면세점	제주점	시내	제주	제주특별자치도 제주시 도령로 83 롯데면세점 제주시티점 1~3층.	064-793-3000
롯데면세점	인천공항점T1	출국장	인천	인천광역시 중구 공항로 272 인천국제공항 3층 출국장.	032-743-7779
롯데면세점	인천공항점T2	출국장	인천	인천광역시 중구 공항로272 (제2여객터미널).	032-743-7460
롯데면세점	김포공항점	출국장	서울	서울특별시 강서구 하늘길 38로 김포국제공항 국제선청사 3층.	02-2669-6700
롯데면세점	김해공항점	출국장	부산	부산광역시 강서구 공항진입로 108 김해국제공항 출국장 2층.	051-979-1900~1
신라면세점	서울점	시내	서울	서울특별시 중구 동호로 249.	1688-1110
신라면세점	제주점	시내	제주	제주특별자치도 제주시 노연로 69 B1~4층.	1688-1110
신라면세점	인천공항점T1	출국장	인천	인천광역시 중구 공항로 272 인천국제공항 3층 출국장.	1688-1110

면세점	점구분	법령구분	지역	면세점 주소	전화번호
신라면세점	인천공항점T2	출국장	인천	인천광역시 중구 공항로 272 인천 국제공항 제2여객터미널.	1688-1110
신라면세점	김포 공항점	출국장	서울	서울특별시 강서구 하늘길 38로 김포국제공항 국제선청사 3층.	1688-1110
신라면세점	제주 공항점	출국장	제주	제주특별자치도 제주시 공항로2 제주국제공항 3층 국제선 출국장.	1688-1110
신세계 면세점	명동점	시내	서울	서울특별시 중구 퇴계로 77, 신세 계백화점 본점 8층-12층.	1661-8778
신세계 면세점	부산점	시내	부산	부산광역시 해운대구 센텀4로 15, 신세계 센텀시티몰 B1-1층.	1661-8778
신세계 면세점	인천공항점T1 (기존)	출국장	인천	인천광역시 중구 공항로 272, 인 천국제공항 제1터미널 3층.	1661-8778
신세계 면세점	인천공항점T2 (신규)	출국장	인천	인천광역시 중구 공항로 272, 인 천국제공항 제1터미널 3층.	1661-8778
신세계 면세점	강남점	시내	서울	서울 서초구 신반포로 176, 신세 계면세점 강남점.	1661-8778
에이치디씨 신라면세점	본점 (용산점)	시내	서울	서울특별시 용산구 한강대로 23 길 55 아이파크몰 3-7층.	1688-8800
JDC면세점	제주국제공항	지정	제주	제주특별자치도 제주시 공항로 2 제주국제공항 국내선 2층 출발장 대합실 내.	064-740-9900
JDC면세점	제주항1면세점	지정	제주	제주특별자치도 제주시 임항로 111(건입동 918-30) 국제여객터미 널내(2부두-연안여객터미널 내 1 층).	064-740-9934
JDC면세점	제주항2면세점	지정	제주	제주특별자치도 제주시 임항로 115(건입동 908-1) 국제여객터미 널내(7부두-국제여객터미널 내).	064-740-9935
동화면세점	본점	시내	서울	서울특별시 종로구 세종대로 149 광화문사거리 동화면세점 (B1~5F).	1688-6680
에스엠 면세점	서울점 (인사동)	시내	서울	서울특별시 종로구 인사동 5길41 (지하철 1호선 종각역 3번 출구 도보 1분 / 지하철3호선 안국역 6 번 출구 도보 5분).	1522-0800

면세점	점구분	법령구분	지역	면세점 주소	전화번호
에스엠 면세점	인천공항점T1	출국장	인천	인천국제공항 동편 출국장 12,24 GATE.	1522-0800
에스엠 면세점	인천공항점T2	출국장	인천	인천광역시 중구 공항로272 (제2 여객터미널).	1522-0800
에스엠 면세점	인천공항점T1 입국장	입국장	인천	인천광역시 중구 공항로 272 제1 여객터미널 입국장.	1522-0800
제주관광공사 면세점	중문면세점 (국내선)	지정	제주	제주특별자치도 서귀포시 중문관 광로 224, 제주국제컨벤션센터 1 층.	064-780-7700
제주관광공사 면세점	시내점 (국제선)	시내	제주	제주특별자치도 서귀포시 안덕면 신화역사로304번길 139 제주신 화월드.	064-766-9000
현대백화점면 세점	무역 센터점	시내	서울	서울시 강남구 테헤란로 517 현대 백화점 무역센터점 8, 9, 10F.	1811-6688
엔타스 면세점	본점 (인천)	시내	인천	인천광역시 중구 영종해안남로 321번길 186 플라자 1,2층.	1644-0159
엔타스 면세점	인천공항점 T1	출국장	인천	인천광역시 중구 공항로 272 인천 국제공항 3층 출국장 27번 28번 게이트 사이.	032-743-0205
엔타스 면세점	인천공항점 T2	출국장	인천	인천광역시 중구 공항로 272 (제2 여객터미널).	032-743-0315
엔타스 면세점	인천 항만점	출국장	인천	인천광역시 중구 연안부두로 88, 인천항 제1국제여객터미널.	032-881-1717
엔타스 면세점	인천공항점 T2 입국장	입국장	인천	인천광역시 중구 제2터미널대로 446(운서동, 제2여객터미널 입국 장 내).	032-250-2295
진산면세점	울산점	시내	울산	울산광역시 중구 번영로 363(학 산동 79-2).	052-281-5555
중원면세점	청주점	시내	충북	충청북도 청주시 청원구 충청대로 114 (율량동) 라마다플라자 청주 호텔 1층.	043-290-1000

면세점	점구분	법령구분	지역	면세점 주소	전화번호
앙코르 면세점	수원점	시내	경기	경기도 수원시 팔달구 권광로 132 이비스앰베서더수원호텔 B1.	031-298-8888
시티플러스면세점	인천 공항점T1	출국장	인천	인천광역시 중구 공항로 272 인천 국제공항 출국장 3층.	032-743-0404
시티플러스면세점	인천 공항점T2	출국장	인천	인천광역시 중구 공항로 272 (제2 여객터미널).	032-743-0406
탑시티 면세점	인천 2항점	출국장	인천	인천광역시 중구 인중로 147 (항동7가, 제2국제여객터미널 2층).	032-765-5726
듀프리 토마스 쥴리코리아	김해 공항점	출국장	부산	부산광역시 강서구 공항진입로 108 김해국제공항 출국장.	051-974-8253
(주)국민산업면세점	무안 공항점	출국장	전남	전남 무안군 망운면 공항로 970-260 무안국제공항 .	061-454-1322~5
GADF 면세점	군산항점	출국장	전북	전북 군산시 소룡동 1668번지 군산항국제여객터미널 2층.	063-445-3800
그랜드 면세점	시내점	시내	대구	대구 수성동 동대구로 305(범어동).	1800-1160
그랜드 면세점	대구 공항점	출국장	대구	대구광역시 동구 공항로 221 대구국제공항 2F.	1800-1160
그랜드 면세점	인천 공항점	출국장	인천	인천광역시 중구 공항로 272 인천 국제공항 제1여객터미널.	032-743-0530
부산면세점	부산 면세점 용두산점	시내	부산	부산광역시 중구 용두산길 37-55.	051-460-1900
부산면세점	부산항점	출국장	부산	부산광역시 동구 충장대로 206 부산항 국제여객터미널 3층 부산 면세점.	051-460-0900
디엠면세점	양양 공항점	출국장	강원	강원도 양양군 손양면 공항로 201.	033-850-8501
포춘면세점	평택항점	출국장	경기	경기도 평택시 포승읍 평택항만길 75.	031-683-3734
두제산업 개발면세점	청주 공항점	출국장	충북	충청북도 청원구 내수읍 오창대로 980.	043-241-7711

참고문헌

- HDC 신라면세점 웹사이트
- moodiedavittreport.com
- 관세청, 「보세판매 운영에 관한 고시」, 2019.05.31. 개정
- 관세청, 「수출용원재료에 대한 관세 등 환급사무처리에 관한 고시」, 시행 2017.3.6.
- 관세청, 「알아두면 쓸데 있는 여행자 면세 상식 안내」, 2017.09.26
- 교육부·한국직업능력개발원, 「NCS 학습모듈 : 매장판매 상담」, 2018
- 국내면세점 성장과정에서의 위험요인에 대한 고찰, 2019
- 기획재정부, 「관세법 시행규칙」, 시행 2019.03.20
- 남성현, 「국회포럼, 경제 활성화를 위한 면세산업 경쟁력 제고방안. 면세점산업에 대한 이해와 방향제시」, 한화투자증권, 2019
- 네이버사전
- 박복덕·한영옥·요시다 다카, 「면세점 판매 일본어」, 한올출판사, 2016
- ㈔ 한국여행서비스교육협회, 「국외여행인솔자 자격증 공통교재」, 2020
- ㈔ 한국여행서비스교육협회, 「여행상품상담사 자격증 예상문제집」, 2020
- 새년공항 웹사이트
- 서울시, 「2018 서울시 외래관광객 실태조사」, 2018
- 선데이저널, 「해외여행 때 알아야 할 나라별 금기 사항」, 2016.07.25.
- 손일락·김영식, 「비즈니스 매너의 이해」, 한올출판사, 2014
- 아시아나, 「아시아나 기내 면세품 판매 안내」, 2019
- 안승호, 「국회포럼, 경제 활성화를 위한 면세산업 경쟁력 제고방안. 면세산업의 수익구조 개선방안」, 숭실대학교, 2019
- 양재용, 「고객여정지도를 활용한 면세상품의 고객인도 프로세스 분석」, 중앙대학교 산업창업경영대학원 석사학위논문, 2018
- 윤대순·이하정 「관광과 예절」, 백산출판사, 2005
- 이하정·유효홍, 「면세쇼핑서비스중국어」, 백산출판사, 2018
- 이하정·유효홍, 「면세판매실무중국어」, 백산출판사, 2018
- 최영수, 「면세이야기」, 미래의 창, 2013
- 최원선, 「점포속성을 반영한 포괄적 VMD의 평가지표 연구」, 홍익대학교 대학원 박사학위논문, 2019
- 한국관광공사, 「2012-2016년 외래관광객 실태조사 보고서」, 2012-2016
- 한국관광공사, 「2018 외래관광객 실태조사 최종보고서」, 2018
- 한국관광공사, 「관광면세산업(사후면세)서비스매뉴얼」, 2018
- 한국관광공사. 「관광안내서비스매뉴얼」, 2008
- 한국면세뉴스, http://www.kdfnews.com
- 한국면세점협회, http://www.kdfa.or.kr/
- 한국방문위원회, 「서비스매뉴얼」
- 홍두표, 「글로벌 비즈니스 매너」, 한올출판사, 2009

편집위원 – 박복덕(한국여행서비스교육협회)
이하정(동남보건대학교)
조희정(신구대학교)
정재희(한림성심대학교)

감수위원 – 서정원(대림대학교)
용환재(진주보건대학교)
이병열(인덕대학교)
이은민((주)여행시간)
임유희(한림성심대학교)
천덕희(순천향대학교)
최동렬(서영대학교)

글로벌 면세 서비스

초판 1쇄 인쇄   2020년 08월 05일
초판 1쇄 발행   2020년 08월 10일

저 자   (사)한국여행서비스교육협회
펴낸이   임 순 재
펴낸곳   (주)한올출판사
등 록   제11-403호
주 소   서울시 마포구 모래내로 83(성산동 한올빌딩 3층)
전 화   (02) 376-4298(대표)
팩 스   (02) 302-8073
홈페이지   www.hanol.co.kr
e-메일   hanol@hanol.co.kr
ISBN   979-11-5685-964-2